사랑의 수첩

지은이 · **안토니오 갈라** Antonio Gala

스페인 코르도바에서 태어났다. 열다섯 살 때 대학에 입학하여 법학, 철학, 정치, 경제학을 공부했으며, 스물네 살 때 첫 시집 『친밀한 적』을 발표하여 스페인의 권위 있는 문학상 '아도나이 상'을 수상했다. 그는 다섯 살 때 처음 단편을 쓰고, 일곱 살 때 희곡을 쓸 만큼 글쓰기에 천부적인 재능을 지녔다. 천재작가, 언어의 연금술사로 불리는 안토니오 갈라는 시, 수필, 희곡, 소설, 방송 대본, 신문 등 다양한 분야에서 글을 쓰고 있다. 그는 스페인에서 가장 열렬한 사랑을 받고 있는 작가다.

그의 주요 작품으로는 국립 칼데론 데 라 바르카 상을 수상한 『에덴의 푸른 동산』, 스페인 국립 문학상을 수상한 『한 여인을 위한 반지』, 플라네타 상을 수상한 『진홍빛 원고』 그리고 『나무에 걸린 하프』『율리시즈, 어째서 뛸까?』『터키의 열정』『사랑의 시』『불가능한 망각』 등이 있다.

『사랑의 수첩』은 저자가 사랑에 관해 쓴 글들 중에서 정수만 모은 작품이다.

옮긴이 · **유혜경**

한국 외국어대학교 통역번역 대학원 석사 과정과 통역번역학 박사 과정을 수료했다. 현재는 전문 번역가 및 국제회의 통역사로 활동하고 있으며, 대구 가톨릭 대학교 국제 실무학부 겸임교수로 재직 중이다. 주요 번역서로는 『너만의 명작을 그려라』『개를 살까 결혼을 할까』『위대한 개츠비』『섀클턴의 위대한 항해』『블루베어를 찾아서』『엄마는 CEO』『침대 밑 악어』『벼룩, 루시카』 등이 있다.

CUADERNO DE AMOR
by Antonio Gala

ⓒ La Esfera de los Libros, Madrid 2001
ⓒ Antonio Gala Velasco 2001

Korean Translation Copyright ⓒ 2006 by Dulnyouk Publishing Co.
All rights reserved.
The Korean language edition published by arrangement with
LA ESFERA DE LOS LIBROS through MOMO Agency, Seoul.

이 책의 한국어판 저작권은 모모 에이전시를 통해 LA ESFERA DE LOS LIBROS사와의 독점 계약으로 '도서출판 들녘'에 있습니다.
저작권법에 의해 한국 내에서 보호를 받는 저작물이므로 무단전재와 무단복제를 금합니다.

천재작가 **안토니오 갈라**의 러브 아포리즘

사랑의 수첩

안토니오 갈라 · 유혜경 옮김

들녘

*사랑*의 수첩
ⓒ 들녘 2006

초판 1쇄 발행일 · 2006년 12월 31일

지은이_안토니오 갈라
옮긴이_유혜경
펴낸이_이정원

책임편집_정미정

펴낸곳_도서출판 들녘
등록일자_1987년 12월 12일
등록번호_10-156
주소_경기도 파주시 교하읍 문발리 파주출판단지 513-9
전화_마케팅 031-955-7374 편집 031-955-7381
팩시밀리_031-955-7393
홈페이지_www.ddd21.co.kr

값은 뒤표지에 있습니다. 잘못된 책은 구입하신 곳에서 바꿔드립니다.
ISBN 89-7527-559-0 (03870)

머리말

사랑에 관한 내 생각들을 처음에는 비밀 창고에 모아두었다가 결국 출판까지 해준 이사벨 마르티네스 모레노와 에스페라 델로스 리브로스 출판사에 감사한다.

이 작은 책을 통해 나는 사랑이 없었다면 내 작품이 결코 성숙해지지 못했으리라는 사실을 다시 한번 확인한다. 사랑은 누구에게나 꼭 필요한 긴장감을 준다. 화살을 쏘아 과녁을 맞히려면 활시위에 팽팽한 긴장감이 필요하다. 인간이 앞으로 걸어가고 또 다른 사람들을 앞으로 걸어갈 수 있게 하려면 역시 긴장감이 있어야 한다.

사랑은 시처럼 나의 모든 작품에 숨어 있거나 아니면 고개를 내밀어 싹을 틔운다. 마치 존재의 이유처럼 내 작품을 정당화하고 있다. 내 작품을 지탱하고 있다. 시와 사랑만이 비밀을 품고 있기 때문이다. 진실을 그리고 기적을 품고 있기 때문이다.

눈에 보이건 보이지 않건 어쨌든 사랑은 고동치고, 광채를 발하며, 내가 쓴 모든 글과 내가 산 모든 삶을 불타오르게 한다. 그것은 사랑일 수도, 아니 사랑의 예감일 수도, 아니 사랑의 그리움일 수도 있다. 사랑하는 사람은 언제나 이긴다. 무관심이라는 미끄러운 내리막길로 곤두박질치기 전까지는 말이다.

나는 이 책이 내게는 물론 독자들에게도 아주 유익하리라 생각한다. 늘 곁에 두는 기도서처럼, 우리 심장을 비추는 아주 작은 거울처럼 말이다.

이것이야말로 내가 가장 바라는 것이다.

안토니오 갈라

사랑과 그 풍경들

"사랑이 시작될 때는 신조차 그토록 아름다운 음모가 꾸며진 것에 놀란다. 사랑이 시작되면 광채와 기쁨 사이에 새로운 세계가 펼쳐지며, 아무리 불가능한 것을 요구해도 결코 지나치지 않다." _안토니오 갈라

안토니오 갈라는 처음부터 마치 피할 수 없는 운명처럼 문학의 길을 걷는다. "계속 걸어! 어디로요? 계속 걸으란 말이야!" 무조건 걸어가라고 명령하는 모진 목소리에 순응하면서 말이다. 그리고 각 장마다, 각 페이지마다 그 자신의 목소리이자 그 자신인 등장인물의 목소리와 영혼도 계속 걸어간다. 이렇게 그는 걷고 또 걷는다. 이 드넓고 풍요로운 길고 긴 여정에서 그는 모든 문학 양식을 길러냈다. 그가 증명하고 각색하고 깊이 생각한 주제는 참으로 많았다. 삶, 여자, 희망, 죽음, 자유, 행복, 해학, 인간, 역사, 고독……. 그리고 사랑이 있었다. 안토니오 갈라의 문학에서 아름다움과 세련미의 원천은 사랑이다.

그는 처음부터 사랑으로 가는 길을 선택하고 그 길을 경작했다. 언

제나 숭배하고 언제나 그 길을 갈망했다. 그가 가장 아름다운 사랑의 운율에 가사를 붙이면 낙원의 노래가 탄생한다. 또 그는 언어로 사랑의 얼굴을 그린다. 사랑의 열기와 그 청초함과 순박함을 그려낸다.

그리고 역시 언어로 사랑의 집을 짓는다. 꿈을 꾸듯 혹은 어루만지듯 유리로 된 영원한 집을 짓는다. 또 사랑의 풍경을 묘사한다. 호화스러운 파란 낙원을. 그 낙원 안의 섬과 에덴 동산과 왕국을. 사랑이 사랑하는 사람에게서 젖과 꿀의 향수를 뽑아내는 신세계를. 그리고 사랑으로 가는 길을 그린다. 그 길에서 그의 인물들은 여행을 하고, 꿈을 꾸며 영원히 살아간다. 사랑은 그들의 발걸음과 일상의 흐름과 방향을 정해준다.

그리고 나는 맨 처음 『친밀한 적』(갈라의 첫 번째 시집, 1959)에서부터 『불가능한 망각』(그의 마지막 소설, 2001)에 이르기까지 그의 사랑의 여행에 무임승차한 사람이었다. 안토니오 갈라의 인물들이 말하고, 갈망하고, 사랑하고, 느끼는 것을 말없이 지켜본 증인이었다. 그들의 고독과 망각과 무관심을 나는 빠짐없이 지켜보았다. 그 목소리에 담긴 비탄과 메아리가 음악이 되어 이 책을 써내려갔다. 이 책은 저자가 정의하는 사랑과 그 풍경을 표현한 단락과 구절과 고백들을 모아놓은 책이다. 저자의 사랑에 대한 생각들을 한데 모았다.

기존의 텍스트들을 처음부터 명쾌하고 단순하게 표현하려고 했다. 그래서 주제별로 나누어 편집했다. 또 저자가 사랑과 관련된 감정, 생각, 이미지 그리고 현실을 그린 다른 글도 포함시켰다. 이런 과정을 통해서 저자의 생각이 구체화되었으며, 사랑 안에서 이런 것들의 존재 이유를 찾을 수 있었다.

『사랑의 수첩』은 사랑하는 이와 사랑받는 이를 위한 책이다. 거기에는 독실한 신자와 신, 노예와 주인이 있다. 그리고 오직 우리가 사랑하는 사람만이 우리가 누구인지를 말할 수 있다. 또 사랑과 우정에 관한 책이다. 인간이 꿈꿀 수 있는 가장 숭고한 사랑은 우정과 에로티시즘으로 완성된 사랑이다. 또 사랑과 선물에 관한 책이다. 사랑은 늘 고마워해야 하는 서로에게 주는 선물이다. 애무에 관한 책이다. 애무는 평화를 유지시켜주고 서로의 기쁨을 분출하게 해준다. 그리고 싸움과 고독과의 이별을 선언하는 일이다. 그리움과 연인들에 관한 책이기도 하다. 그리워한다는 것은 일종의 몰두하는 방식이며, 사랑하는 사람에게는 가장 힘든 일이다. 또 열정과 기쁨에 관한 책이다. 열정은 육체와 육체 간의 전쟁이며, 기쁨은 사랑의 언어다. 추억과 유혹에 관한 책이다. 추억은 어느 날 우리가 사랑했다고, 자신을 어루만지던 손이 사라졌다고 외치는 목소리다. 유혹은 하나의 전략이다. 또 감각과 감정에 관한 책이다. 감각은 이 세상이 우리에게 들어오는 창문이며, 감정은 함께 나아가는 길이다. 성과 고독한 자와 독신자에 관한 책이기도 하다. 성은 가장 크고 가장 유익한 힘이며, 절대적인 신성한 충동이다. 고독한 자는 사월과 희망의 고아이며, 독신자는 존경할 만한 역사의 주인공이다.

사랑은 힘 중의 힘이요, 너울거리는 불빛이며, 낯선 길로 흩어지는 머리가 두 개 달린 독수리다. 시선, 책, 강, 노래, 손깍지를 끼는 방법이다. 사랑은 이 세상 모든 것에 기름을 바르고 색을 입힌다. 이 책은 이 세상이 존재한다는 진정한 증거이며, 그 증거는 오직 사랑이 만질 때만 진실이 된다.

이사벨 마르티네스 모레노

사랑은 선물

사랑은 선물이다. 언제나 고마워해야 하는,
서로에게 주는 선물. 비록 우리를 미치게 하지만 말이다.
유익하고 구체적인 목적은 없다. 다시는 돌아오지 않을 여행이다.

사랑하기

사랑은 열광하는 것이다.

사랑하는 일보다 더 신성한 일은 없다.

사랑하기 위해서는 우리가 강조되고 너와 나로 불어나는 모든 소임을 차례로 수행해야 한다.

오직 자유와 기쁨 안에서만 사랑하고 사랑에 응할 수 있다.

사랑한다고 손발이 묶인 채로 항복할 필요는 없다. 상대방 역시 손과 발이 있으며 그의 길이 있다.

중요한 것은 누가 우리를 사랑하느냐가 아니라, 우리가 누구를 사랑하느냐이다. 이것이 우리의 본래 모습을 명백히 보여준다. 그리고 그 위에는 아무것도, 아무것도 쓰여 있지 않다. 사랑은 각기 다른 방식으로 시작하고 열린다. 한 송이 꽃처럼.

고독은 메마르고 인색한 눈동자를 지닌 미망인이다. 사랑하는 일을 가로막는 홀아비다. 하지만 걱정도 지레짐작도 하지 말라. 총알이 발사되는 소리를 듣는 순간 — 듣자마자 — 뛰쳐나가 사랑하라. 조금씩 조금씩 어려워진다. 한 번의 죽음으로는 이룰 수 없다. 그러니 사랑하고 또 사랑하라.

날이 갈수록 나는 더 자주 이렇게 묻는다. "과연 사랑할 시간이 있었나?" 내 첫 번째 고독이 날 산산조각 내버린 그 평범한 사랑 말고 누군가에게 집중한 적이 있었나? 누군가 한 사람에게만 마음을 쏟은 적이 있었나? 그래서 사랑을 머리가 두 개 달린 독수리라고 부르는가? 자기애에 빠지는 확고한 이유인가? 모두에게 침묵하는 것은 관대하기 때문인가? 아니면 어느 한 사람에게, 어느 한 영혼에게 고함칠 줄 몰라서인가? 내 죽음을 공허하게만 느끼는 이 가슴을, 아직 가능성이 남았을 때 경고하지 않은 내 가슴을 책망해야 하는가?

나는 한 가지 확신을 얻었다. 생각에 이르기까지 혹은 사람에 이르기까지, 무엇이든 그것에 진정으로 가까이 다가가려면 4단계를 거쳐야 한다. 첫 번째 단계는, 그래봐야 '그'라는 존재에 대해 아는 것이 전부이지만 어쨌든 그 사람을 알아야 한다. 두 번째는 자신의 눈으로 직접 그 사람을 보아야 한다. 세 번째는 그 사람 안에 있어야 하고, 그 사람에게 싸여 있고 기대어야 한다. 그리고 네 번째는 어떤 식으로든 그 사람을 향하고 있어야 한다. 이렇게 하지 않으면 진정으로 가까워질 수 없다. 아는 것, 보는 것, 있는 것은 그 존재가 도달하는 곳에 이르지 못한다.

자기 자신과 함께 있는 존재를 사랑하기 전에는 그 누구도 사랑할 수 없다. 같이 있기 위해서 우리가 할 수 있는 가장 자상한 방법은 같이 있자고 요구하는 것이다.

사람을 포함한 모든 것을 이해하려면 바로 그 대상을 사랑해야 한다. 많은 것을 이해하려면 많이 사랑하면 된다.

텔레포스를 찌른 아킬레우스의 창을 기억하는가? 상처를 입히기도 하지만 낫게도 한다. 갈증이 안 나도 물을 마시고 미소를 짓고 요리를 하고 언제나 사랑을 하고 창조를 한다.

우리는 지금 무관심의 위기를 겪고 있다. 사랑을 이미 사랑으로 하지 않으며 드물긴 하지만 일을 사랑으로 한다. 인간을 증식하는 일 말이다. 그것을 이행하고 실현하는 일 또한 사랑으로 해야 한다.
불가능한 것을 사랑하는 사람도 있고 영원한 것을 원하는 사람도 있다. 하지만 불가능한 방식으로 가능한 것을 사랑하고, 무한한 방식으로 유한한 것을 사랑하는 일만큼 나쁜 것이 없다.

사랑하지 않는 사람에게는 언제나 이유가 있다. 그 이유가 그 사람이 유일하게 가지고 있는 것이다.

사랑하는 사람은 언제나 이긴다.

인간은 왜 사랑을 하는지, 왜 사랑을 그만두었는지 자문할 수 있다. 그리고 사랑을 포기하지 않을 수도 있다. 그것 말고는 무엇이든 다 할 수 있다.

삶이 가치가 있으려면 누군가에게 사랑을 받거나 누군가를 혹은 무언가를 사랑해야 한다. 다시 말해, 작건 크건 자신의 책임을 떠맡을 줄 알아야 한다. 유용하다고 여기는, 어쨌든 만족을 주고 보상을 주는 일을 할 줄 알아야 한다. 삶이 가져다주는 새로운 주제와 낯선 모습과 맞닥뜨릴 준비가 되어 있어야 한다.

> 어둠 속에 있는 거울은
> 그의 갑작스러운 출현을 기다리다가
> 이따금 숨 쉬는 일과 눈동자 색깔과
> 손을 꼼지락대는 습관을
> 잊어버리지.
> 그러면 기다린다는 게 무슨 의미인지

알 수가 없다네.
유리창에 비친 모습이 우리인지
잘 모를 때가 있다네.
우리를 부르지 않은 사람을 향해
고개를 돌리고 미소 지을 때가 있다네.
우리가 사랑하는 그 존재만이
어둠과 우리를 분간해내리라.
할 수 있는 거라고는
사랑을 하고 손을 내미는 일뿐.
태양이 높직이 뜨는
오월이나 유월이면
왜 그래야 하는지도 모르면서
초조하게 나무들 사이를 헤집으며 찾지.
"왜 이렇게 늦을까"
불안해하면서
그 누구와 약속을 한 적이 없으면서.

우리가 사랑하는 그 존재만이
우리가 누구인지 말해주리라.
오월이나 유월이면
단 한 마디 말에 사랑에 빠지고
굳게 다문 입술 때문에
사랑하는 이가 있지.

*하지만 어디로 가는지 묻지 않고
걸어가야 하리라.
멀리서 부르는 목소리를
우리가 모르는 이름을 자꾸만
불러대는 목소리를
그것이 우리 이름이며
그가 사랑하는 이가 바로
우리라는 것을 깨달을 때까지.*

  사랑에 빠지면 비로소 모든 것이 진정한 의미를 갖는다. 가고, 가고, 또 가고, 멀어질지라도 결국 당신은 내게 가까이 다가오리라. 육체적으로 끌리는 것만을 사랑이라 부르지 말라. 사랑은 정신적으로 더 끌린다. 이 사람과 저 사람을 혼동하지 말라.

  금지된 것을 소유한 사랑도 있다. 그 사랑이 도덕과 상반되기 때문이 아니라 엉뚱하기 때문이다. 관습으로 정해놓은 경계를 벗어나 멀리까지 나아가기 때문이다. 단순하게 진실만을 담고 있기 때문이다. 너무나도 섬세한, 너무나도 고운 그래서 있어도 없는 듯한 베일을 찢으면 그만이다. 사랑하는 이가 예감한 사랑의 불길을 진정한 욕망을 식히기 위해서.

  사랑한다는 것은 그 존재의 장점을, 진실을, 그리고 아름다움을 보는 일이다. 그리고 아주 작은 씨앗을 품는 일이다. 나무가 되고 열매를 맺게 될 아주 조그마한 씨앗을. 사랑은 가장 위대한 재능이다. 하지만 싹이 트게 하려면 끝까지 견디고 기다리는 법을 배워야 한다. 이 나무의 과실을 먹는 사람은 그 속에 모든 신비와 모든 해결책이 들어 있다는 사실을 알게 된다. 아직은 사랑을 정의하는 법을 배우지 못했다. 우리 자신이 수수께끼 아닌가. 모든 일을 설명할 수 있는 자는 그 자신이 설명할 수 없는 존재다. 베일이 내려지면 연인들은 눈이 멀게 된다. 세월에 눈이 흐려지듯 혼탁해진다. 베일이 찢어질 때까지, 비구름이 완전히 물러갈 때까지. 그러면 사랑받는 이가 나타난다. 사랑하는 이가 성스러운 빛 속에서 기다리던 그가.

행동으로 옮기고 움직이고 사랑하기 위해서는 우리를 바라보는 세심한 눈동자가 있어야 한다. 우리의 눈보다 더 조심스러운 눈. 목격자.

사랑받고 있다고 느낄 때는 세상에 나쁜 사람이 하나도 없다.

사랑받는 동안 ― 혼자라고 느끼지 않을 때 ― 에는 늙지도 않으며 (사랑한다는 것은 아마도 함께 늙는다는 의미인지도 모른다) 불쾌한 일이라고는 없다(사랑하는 이의 눈길이 미다스의 손처럼 결점을 금으로 변화시키기 때문이다).

사랑한 다음에는 앉아서 자유가 행동하기를 기다려야 한다. 사랑으로 책임감을 부추긴 다음에는 조용히 있어야 한다. (사랑하는 사람에게 경고해야 한다. "그렇게 부담을 갖고 있다니 정말 유감인걸." 하지만 그가 계속 부담을 안고 가겠다고 하면 아무리 차가 막혀도 그를 따라 길을 나서야 한다.)

사랑은 뚜렷한 느낌이었다. 그것은 두말할 필요가 없다. 정오의 해변처럼 말이다. 사랑하기 위해서는 엄청난 위험을 감수해야 하고, 눈을 반쯤 감아야 하며, 비록 잘 안 보여도 근시용 안경을 써서는 안 되며, 아주 사소한 일까지 간섭해서는 안 된다는 것을 어떻게 알 수 있었겠는가? 사랑받기 위해서는 아무것도 모르는 체하며 속아주어야 한다는 것을 어떻게 알 수 있었겠는가?

사람은 자신이 사랑하는 존재를 나름대로 만들어나간다. 그러고는 자신이 만들어낸 형상을 사랑한다. 즉 자신이 간절히 발견하고 싶어 하는 사람을 발견해낸다. 우리의 희망이 사랑받는 존재에게 옷을 입히고, 우리 눈동자가 우리를 비추는 거울에 수은을 덧칠한다.

사랑하는 사람에게는 모든 것을 주어야 한다. 죽음까지도.

사랑을 하려면 떠날 줄도 알아야 한다.

사람은 전에 사랑했던 것을 사랑한다. 예전에 숭배했던 방식으로 사랑하게 된다.

사랑할 줄 모르는 사람들을 보면 무척 안타깝다. 그들은 억지로 애정을 표현하고 어쩔 수 없이 받아들인다. 사랑하면서 자신이 사랑하고 있다는 사실을 여기저기 알리는 것만큼 즐거운 일이 있을까. 소유는 사랑보다 더 큰 기쁨이다. 사랑의 대상을 빼앗길지도 모른다는 두려움, 사람들이 싫어할지도 모른다는 불안감 때문에 소유하고 있다는 것을 숨기면 행복은 쪼그라들고 만다.

   사람들은 두려워한다. 그래서 사랑의 문턱에 서 있다. 평소와 다름없는 자신을 선택한다. 불행하고, 외롭고, 무관심한 자신을. 언제 돌아올지, 어디서 길을 잃을지도 모르는 채 여행을 시작해야 한다. 사랑이라는 여행을.

   우리에게 일어나는 많은 일이 아무리 무의미할지라도 언젠가는 의미 있는 무언가를 얻을 수 있다는 사실을 잊지 말아야 한다. 좌절로 가는 지름길은 좌절에 대한 두려움이다. 그것을 잊어서는 안 된다. 자기 자신, 일 또는 사랑하는 사람을 믿지 못하면 세상에 절망스럽지 않은 것이 없다.

사랑받는 이와 사랑하는 이

사랑하는 사람이란? 사랑받는 사람이란? 이 둘을 무엇으로 구별할까? 사랑을 하는 모든 관계에는 절대자와 숭배자, 주인과 노예가 있게 마련이다. 먼저 말을 거는 사람이 있고 이에 대답하는 사람이 있다.

사랑하는 역할과 사랑받는 역할은 세상 이치와는 아무 상관이 없다. 그것은 내면적이고 초월적인 그 무엇이며 죽을 때까지 변하지 않는다.

사랑은 연극이다. 그리고 우리 모두는 저마다 역할을 가지고 태어난다. 주인공 아니면 주인공의 상대역, 사랑하는 혹은 사랑받는 역할을 타고 난다. 그렇다고 전혀 여지가 없는 것은 아니다. 사랑하는 이도 사랑받고 있다고 느끼며, 사랑받는 이 역시 사랑을 하니까. 하지만 사람들은 태어나는 그 순간부터 자신이 어떤 소임을 맡았는지 알게 된다.

사랑하는 이와 사랑받는 이는 연극의 주인공 자리를 놓고 치열한 싸움을 벌인다. 하지만 피 한 방울 없는 그 싸움에서, 사랑을 가장한 그토록 아름다운 투쟁에서 그들은 자신의 역할이 무엇인지 이미 잘 알고 있다.

사랑하는 이는 다들 사랑받는 사람처럼 행세하려 든다. 힘에 이끌려가듯, 자신들이 주고 싶은 것으로 사랑받는 이의 마음을 움직여보겠다고 우긴다. 마음이 아픈 일이기는 하지만 사랑하는 이들은 이런 식으로 스스로를 속인다. 그들은 상대방의 입장에 자신을 갖다 앉히고 싶어 하며, 그러면서 이미 승부에서 지기 시작한다. 개중에는 응석을 받아주어야 하는 사람 앞에서, 주도권을 잡아야 하는 사람 앞에서 나긋나긋하게 굴거나, 맨송맨송하게 행동한다. 상대방의 변덕에 지쳐 자포자기할 때도 많다. 당연한 일이다. 어쩌면 사랑받는 이가 사랑하는 이가 되고, 지금 괴롭히는 사람이 오히려 괴로워하는 순간이 올지도 모른다. 하지만 그 순간이 오기 전에는 느끼지 못하는 것을, 깨달을 수 없는 것을 깨우치라고 강요할 수는 없다. "아, 그렇지"라고 말하면서 자신에게 애인이 있다는 사실을 막연하게 기억해내고는 약간 뻐기면서 어느 정도 뜨겁게, 아니 적극적으로 애무를 받아들인다. 그런데 이런 애무를 너무 자주하거나 별로 만족스럽지 못할 때면 기분 상한 아이처럼 입술을 내밀고 미간을 찌푸리며 짜증스럽다는 듯 고개를 돌린다. 그러고는 앵돌아진 표정으로 이렇게 말한다. "됐어. 나 책 좀 읽게 해줄래." 그러면 사랑하는 이에게는 씁쓸한 뒷맛과 부끄러움만 남는다. 상대의 마음을 얻지 못했기 때문이며, 이런 현실에도 불구하고 그 사랑을 포기할 수 없기 때문이다.

오늘은 아날리아 가데네 집에서 보냈다. 나는 사랑 게임을 하자고 제안했다. 각자 다른 사람들을 어떻게 생각하는지, 그래서 사랑하는 사람인지 사랑받는 사람인지를 알아내는 게임이었다. 내 제안은 만장일치로 통과되었다. 나는 사랑받는 사람이었다. 나는 울면서 집으로 돌아왔다. 말이 안 된다. 게임은 엉터리였고, 모두가 착각을 하고 있었다. 시간이 흐르자 어쩌면 그 게임이 맞는지도 모른다는 생각이 들기 시작했다. 나는 언제나 사랑받는 사람이었다. 잘못된 사랑을 받은 사람, 충분치 않은 사랑을 받은 사람, 조급한 사랑을 받은 사람. 어쨌든 사랑을 받은 사람이었다. 사람들은 내 수영장을, 사랑에 대한 나의 포용력을 조막만 한 찻잔으로 채우려고 했다. 그래서 나는 이 사랑의 과업을 재촉해댔으며, 그러다보니 사랑하는 사람의 위치로 옮겨가게 되었다. 아니, 아니, 그게 아닐지도 모른다……. 어쩔 수 없이 사랑받는 사람으로 남기를 포기했는지 모른다. 그러고는 사랑하는 일마저 포기했겠지. 사랑에 별로 적극적이지 않았기 때문이리라. 어쨌든 나는 사랑에 관한 한 운이 없었고, 또 재주도 없었다.

사랑하는 사람은 사랑받는 사람보다 세간의 호평을 더 많이 받는다. 사랑하는 사람은 늘 이렇게 말한다. "내 참, 사랑의 카지노에서 애인은 동전 세 개를 거는데 난 내 인생 전부를 걸어. 늘 지는 게임만 하는 거지. 인생 전부를 걸어서 동전 세 개를 따는 게 무슨 의미가 있겠어?" 그렇긴 하지만 사실 사랑하는 사람은 삼분마다 동전 세 개를 딴다. 이제 이 세간의 호평을 다시 따져보아야 한다. 사랑하는 이에게 매달려 있는 사람은 바로 사랑받는 사람이기 때문이다. 사랑받는 이는 절망을 느낀다. 사실 사랑하는 이는 손에 넣은 사랑에 만족하며, 이내 다른 사람에게 얼굴을 돌릴 때가 있다. 그러면 사랑받는 사람은 한 줄기 빛도 없는 어둠 속에 남겨진다. 그는 사랑하는 이를 통해 빛을 받기 때문이다. 나는 지금 사랑받는 사람의 편에 서 있다. 불공평한 일이 벌어진다. 사랑하는 이가 떠나가면서 사랑받는 이를 장식했던 자잘한 물건들까지 모두 가지고 간다. 쓰던 초, 보석, 아름답게 수를 놓은 숄 따위를 가져다가 다른 사람을 장식한다. 그러면 사랑받는 사람은 오갈 데 없는 신세가 된다. 나는 패자들과 함께 있으며, 사랑받는 사람이 사랑에서 가장 패배한 자가 될 수 있다고 생각한다.

사랑하는 이는 어차피 스스로 힘을 얻기 때문에 이내 자신을 추스른다. 사랑받는 이는 상대방에게서 힘을 얻기 때문에 사랑하는 이가 떠나가 버리면 힘을 잃고, 정체성마저 잃는다. 또 이 세상과 한 영원한 약속에 대한 믿음을 상실한다. 누가 신이며 누가 맹목적인 숭배자란 말인가? 누가 사형 집행인이며 누가 희생자란 말인가?

불빛이 불꽃을 에워싸듯 사랑도 사랑하는 이를 에워싼다.

사랑받는 이는 태양 빛을 받는 달과 같다. 결코 스스로 빛을 내지 못한다.

사랑받는 사람은 사랑의 이유이며 동기다. 일단 감정이 일어나면 사랑받는 이가 꼭 있어야 하는 것은 아니다. 그의 흔적만으로 충분하다.

아픔, 추억, 환희에 찬 기억만 있으면.

역사적으로 위대한 여인들은 먼저 한 남자를 사랑했다. 그런 후에 그 남자를 사랑의 핑곗거리로 전락시켰다. 그를 능가하고 보이지 않게 감싸더니 결국에는 필요 없는 존재로 만들어버렸다. 그들의 사랑은 기만을, 유약함을, 그리고 소심함을 뛰어넘었다. 사랑은 그들의 과녁이었다.

사랑하는 이들에게 봄은 서로 사랑한다고 말하는, 새롭게 목이 메는, 새로운 망설임과 새로운 확신을 느끼는 아름다운 시간이다. 아니, 사랑과 사랑의 환희가 싹트는 시간이다. 우주 전체가 동지이자 적임을 확인하는 시간이다.

사랑하는 이가 사랑에 빠져서 사랑한다고 선포하는 것만큼 경이로운 일은 없다.

가엾게도 사랑하는 이는 깊이 생각하지 않는다. 이익과 손실을 따지면서 곰곰이 궁리하지 않는다. 이것이 좋을지 저것이 좋을지, 어느 것이 가장 유리할지 따지지 않는다. 사랑하는 이는 그저 사랑하고 원할 뿐이다. 그것만으로도 충분하며 그것이야말로 그가 할 수 있는 유일한 일이다. 사랑하는 이는 받아들이거나 거부감을 느낄 뿐, 결코 선택은 하지 않는다. 한편 기쁨에는 많은 종류가 있다. 진정한 기쁨은 다른 기쁨을 모두 포기하더라도 놓칠 수 없는 그런 기쁨이다.

어쩌면 진정한 연인은 영원히 어둠 속에 머물러야 하는지도 모른다.

위대한 연인이 되는 길은 순탄하지 않다. 사랑을 하면 ― 순수한 사랑은 더더욱 ― 누구나 흥분하고, 속셈을 떠보고, 망설이고, 기쁨으로 빛나고, 피를 흘리고, 하늘을 날지만 그래도 마음속은 늘 외로움으로 가득하다. 넨장맞을!

사랑하는 이는 혼자가 되기 전까지 사랑으로 충만하다. 증오하는 사람이 저 혼자 증오로 충만하듯. 남자의 속성에는 사랑이 들어 있다. 장미에 향기가 들어 있듯이. 그토록 많은 장애물에 부딪쳐 숨이 막혀버린 사랑. 누군가 그 사랑의 냄새를 풍기겠지. 아닌가?

사랑받는 사람이 스스로 불꽃을 향해 다가가는 경우도 있다. 습관에 젖어서가 아니라 자기 자신을 찾기 위해서다. 자기 자신이라고 생각하는 그 존재를 찾아서. 사랑하는 이와 멀어지는 순간 사랑받는 이는 더 이상 사랑하는 이가 부여했던 존재의 중심이 아니다. 그는 시내 산에서 불을 받은 모세처럼 다른 사람들에게 내려오지 않는다. 올라갈 때처럼 어깨는 구부정하고 손은 거칠고 세속화되어 별로 늠름하지 않은 걸음으로 내려온다. 흔해 빠진 평범한 사람이 된 것이다. 자기 자신에 대해 상상했던 고귀한 경지는 산산이 부서지고, 자신도 모르게 더 좋아 보이는 사람을, 전에는 경멸했던 사람을 숭배하게 된다. 사랑받는 이가 숭배자가 된다는 것은 몹시 어려운 일이다. 시간이 흐르고 새로운 숭배자가 나타나기를 기다린다는 것은 몹시 고통스러운 일이다.

우리가 사랑하는 존재는 하나의 가능성일 뿐이다. 우리가 원하는 대로 내면과 외면의 그림자를 채워야 하는 하얀 백지다. 그 존재를 객관적으로 바라보며 우리가 만들어낸 모습이 아닌 그의 실제 모습을 들여다보기 시작하면 그 존재에 대한 사랑도 서서히 식어간다. 하지만 사랑은 결코 반복되지 않는다. 이 사랑은 저 사랑과 비슷하지 않다. 각각의 사랑은 저마다 광채를 발하고 기쁨의 세계를 연다. 만약 모든 사랑이 반복된다면, 삶은 계속되는 재앙이요, 예측 가능한 형벌이며, 불길하고 기괴한 야유가 되리라. 아마도 모든 사랑의 끝이 아닐는지.

  감탄스러운 행동으로 사랑하는 이의 사랑을 얻는다는 것이 과연 환상일까? 아니다, 전부 다 환상은 아니다. 비현실적이라면 당연히 꿈이나 환상을 생각할 테지만 그런 비현실적인 것이 우리 생각처럼 그렇게 비현실적이지 않을 수도 있다. 사랑을 얻겠다는 욕구에서 나온 그런 경이적이고 감동적인 행동을 통해 우리 행실이 변하고 우리 인생 항로가 달라지는데도 그런 현실적인 결과를 비현실적인 것이 만들어냈다고 할 수 있는가?
  현실적인 세계는 엄청난 양의 환상을 가지고 있으며, 환상 역시 현실적인 측면을 가지고 있다.

  사랑하는 모든 이는 사랑하는 육체에게 다가가 옷을 벗길 때마다, 그 육체를 천천히 쓰다듬을 수 있기를 환희가 멈추지 않기를 그 달콤함이 끝없이 이어지기를 상상한다. 하지만 현실은 대개 우리의 예측을 용납하지 않는다. 사랑하는 이는 느닷없이 자신의 흐름에 속도를 더하고 심장의 흐름을 따라가며 급히 서두른다. 조바심을 내고, 다그치고, 몰아대고, 열광하고, 포로가 되어 황홀경에 빠진다.

　사랑은 조금씩 베일을 벗어가는 무희다. 벌거벗은 채로 나타난다면 그 모습이 매력적으로 보이겠는가. 그리고 남녀 관계에서는 서로 보지 말아야 하는 부분도 있는 법이다. 드러내지 않은 채로 남아 있어야 하는 상황, 입장, 불가피한 일들 말이다. 사랑받는 이는 아름다운 것의 본질, 순결한 것의 본질, 사랑하는 이와 동일한 존재가 되어야 한다. 요즘 사람들은 벗지 못해 안달이다. 아무래도 옷에 스프링 같은 것이 달려 있나 보다. 살짝 건드리기만 해도 어느새 홀딱 벗겨지니 말이다.

　사랑하는 이의 영혼은 대화를 하는 도중이나 사랑의 행위를 하는 중에라도 흠칫 놀랄 때가 있다. 그 순간, 각자의 미래가 서로 다르다는 사실을 확인하면서 가슴 아파하고, 공통점이라고는 하나 없고, 그 순간을 기억조차 못 할 거라는 확신으로 마음이 상한다. 비록 지금은 모든 것이 명확해 보여도 결국에는 저마다 다른 방식으로 상대를 기억하기 마련이다. 그러므로 사랑에서 유일하게 명확한 것은 바로 영혼이 느끼는 그 놀라움뿐이다. 얼마 지나지 않아 사랑하는 이들은 멀어져 간다. 한 몸처럼 그렇게 붙어 있던 그들이.

　공감할 수 있는 것이 하나도 없다. 이따금 두 몸이 한 침대에 눕는 일을 빼면 말이다. 우리가 사랑하는 존재는 언제나 우리에게 즐거움을 준다. 우리는 이렇게 말한다. "네가 곁에 있을 때면 내 삶이 네게 이끌려

가는 듯한 달콤한 느낌이 들어." 사랑받는 사람은 마티니가 좀 떫다고 생각하거나 지나가는 여자들이 어떤 동작으로 걸어가는지를 살핀다. 아니면 최악의 경우, '벌써 몇 번째야' 하면서 지겨워한다. 우리는 그에게 새벽을 이야기한다. "새벽이 오지 않았으면 좋겠어." 우리 어깨에 기대어 잠든 그의 머리가 무거워진다. 사랑받는 이는 지루하다. 그는 사랑하는 이가 눈치 못 채게 하면서 즐거울 수 있는 방법을 생각한다. 밑창이 두껍고 무거운 학생 구두. 길에서 파는 샌드위치를 먹고, 달려가는 버스에 올라타거나 책을 겨드랑이에 낀 채 전철을 타는 학생들이 신는 구두. 고통을 모르는, 인생에 대해서는 문외한인 학생들의 구두. 학생들은 다른 사람들을 살아 있게 하고, 그들에게 삶의 이유를 주는 존재다. 그들은 우리에게 뭐 하나 줄 것이 없다. 다만 그들은 끊임없이 요구하고, 긴장감을 팽팽하게 조율하고, 그저 기다린다. 사랑으로 인해 황폐해진 사람은 이런 사실을 잘 알지만 막상 사랑에 대해서는 아무것도 모른다. 사랑에 대해 아는 사람은 다른 이의 방으로 불쑥 들어와서 가방을 집어 던지고 탁자 위에 있는 재떨이를 던져 박살내는, 야만인에 가까운 이 어린 학생들뿐이다.

사랑을 객관적으로 바라보는 자들에게 사랑하는 사람들의 몸짓은 상습적인 행위로만 보인다. 오직 사랑하는 이들만이 그 형식의 가치를 알고 있다. 그래야만 사랑받는 이를 자기 곁에 더 오래 붙잡아둘 수 있다는 것을. 그 몸짓이 형식적인 행위에 지나지 않더라도 말이다. 사랑이라는 영토를 한 뙈기씩 천천히 점령당하는 일, 매일 매일 다른 싸움이 벌어지고 그 싸움이 습관이 되어가는 모습을 지켜보는 일만큼 사랑하는 이가 증오하는 것은 없다. 하지만 피 한 방울 흘리지 않는 사랑받는 이를 보면서 그는 이제 의식하지 못하는 습관에 자신을 의지하고, 뿌리를 단단히 박고는 이렇게 말한다. "잠들었나 봐. 이제 날 거부하지 않아." 사랑하지도 않고 찾지도 않건만 하루도 빠짐없이 동편에 뜨는 태양에 무관심해지듯, 그의 모든 무기가 휴전을 선포하듯. 사랑하는 이를 기쁘게 하겠지만 결코 먼저 실행에 옮기지는 않을 이 복수만이 그에게 힘을 주고 그를 다독인다. 이는 마치 생뚱맞게 허공을 향해 "계속 숨 쉬고 살아. 그래야 내가 너와 네 거만함을 비웃을 수 있잖아"라고 분풀이하는 것과 같다.

사랑하는 이의 진실……. 이따금 자신이 사랑받고 있다고 떠벌린다. 또 가끔은 그 긴장감을 견딜 수 없다고, 자신이 아둔하고 너무나 보잘것없다고 하소연한다. 모든 것을 다 바친 사람에게 충분히 사랑받지 못한다고 투덜댄다. 아니면 상대방의 생각에 반론을 제기하거나, 진실의 증거를 주거나, 호기심을 부추기거나, 그들의 관계가 진정함을 확인시키려고 한다. 그러고는 자신을 부자연스럽게 얽어매고 기쁨과 희망도 주지 않는 감정에 진저리가 난다든가 질투와 비난에도 넌더리가 난다고 고백한다. 아니면 거짓말과 모호한 태도가 가중된 스스로의 질투심에, 이유는 모르지만 아니 설명하기도 싫지만 어쨌든 일상 업무를 제대로 할 수 없어서 머리끝까지 화가 치민다.

사랑하는 이는 거듭 강조하기 위해, 무언가를 기대하기 위해, 자신의 용기를 드러내기 위해 비굴해질 수밖에 없다. 하지만 사랑받는 사람은 노선을 바꾸어서는 안 된다. 비록 모두에게 똑같이 적용되는 것은 아니지만, 제삼자가 보는 앞에서 사랑을 더럽혀서는 안 된다. 특히 사랑하는 이가 될 생각이 추호도 없는 사랑받는 남자는 어정쩡한 태도에서 벗어나 자신의 입장을 분명히 하지 않는 한 여자처럼 보일 것이다.

두 사람 모두가 사랑을 주기만 하는 연인은 미래가 없다. 그리고 서로 사랑을 받기만 하는 연인은 그것이 습관처럼 굳어지면 오래 지속될 수 있다. 사랑하는 이가 나타나 두 사람 중에서 한 사람을 낚아채갈 때까지.

다 모순이다. 사랑은 모든 환상을 현실로 만들고 싶어 한다. 다시 말해 욕망을 충족하고 싶어 한다. 하지만 현실은 환상을 죽이고, 만족은 욕망을 앗아간다. 매일매일 욕망과 환상을 부활시키는 일은 얼마나 힘이 드는가. 모두 모순이다. 사랑하는 이는 측정할 줄 모르기 때문에 언제나 과장해서 말한다. 충분히 사랑받지 못했다고 불평한다. 자신이 준 것만큼 받지 못했다고. 아니면 너무 많은 사랑을 받은 나머지 피곤하고 싫증나고 지겹다고 으스댄다. 다 거짓말이다.

사랑하는 이는 둘이서 차를 마시고 담배 한 갑을 다 피웠는데도 손조차 만지지 못했다고 투덜댄다. 마치 애무의 대가를 요구하듯. 그러고는 자신을 혐오한다. 이제는 누가 옳은지도 모른다. 사랑하는 이는 어떤 대가를 치르더라도 키스와 다정한 몸짓을 얻고 싶어 한다. 돈에 대해서도 마찬가지다. 하지만 사랑받는 사람은 다시 돌아와서 고맙다는 말도 없이 당연하게 주는 것들을 받는다. 그러고는 떠난다. 사랑하는 이는 그가 떠난 다음날부터 다시 돌아와 달라고 바보처럼 애원한다. 비록 의자에 앉아 콧김을 내뿜으며 손가락으로 탁자를 톡톡 두드리며 잔인한 몇 마디 말을 내뱉고는 다시 떠날지라도, 돌아와 달라고. 다시 돌아와 달라고. 그래야 다시 볼 수 있고, 서로 속이는 일을 계속할 수 있으니까. 그가 가고 나면 그로 채웠던 시간을 무엇으로 대신한단 말인가. 하루처럼 긴 그 짧은 한두 시간을, 그것이 없어지면 삶이 허무하고 견딜 수 없어지는 그 몇 시간을. 그렇다면 더 많이 주는 사람은 누구란 말인가?

  자신의 존재를 양보하는 사람이 있다. 누군가에게 이 세상의 전부인 존재. 하지만 그 누군가는 그 이상의 것을 찾는다. 그의 살에 손을 뻗어 어루만지고, 올려놓고 싶어 한다. 그러고 나면 더 많은 것을 원한다. 알고 싶고, 끼어들고 싶고, 하지도 않는 생각을 사로잡고 싶다. 생각이 없다는 사실을 너무나 잘 알고 있는데도 말이다. 사랑하는 이는 무언가가 방해하고 가로막을 때 항변하고 불평을 늘어놓으며 그 존재 이외에는 그 어떤 것도 대가 없이 주지 않는다고 소리친다. 그 사람이 자신의 전부였음을, 삶에서 없어서는 안 되는 존재였음을 잊어버린 사람처럼. 마치 어떤 사람은 길을 가다가 우연히 다이아몬드를 주었는데 나는 왜 어마어마한 돈을 들여야 하느냐고 하소연하는 것처럼. 사람도 물건처럼 어떤 욕망과 절실함과 고뇌를 가지고 찾느냐에 따라 그 가치가 달라진다. 아무도 눈여겨보지 않지만 다른 사람의 마음을 산산조각 내는 그런 사람들이 있다.

누구나 다 아는 사실이 있다. 사랑의 병은 오직 겉모습과 얼굴 생김새로만 치료된다는 사실이다. 사랑하는 이에게 사랑받는 이의 눈동자와 육체와 입과 미소가 없는 세상은 아무런 의미가 없다.

사랑은 그 누구도 변화시키지 않는다. 시간이 지속되는 한 사람은 언제나 똑같다. 변화는 안에서 밖으로 이루어지는 것이지 밖에서 안으로 이루어지는 것이 아니다. 즉 사랑받는 이는 사랑하는 이를 변화시킬 수 없다. 사랑받는 이의 역할을 하는 사랑하는 이만이 스스로 변할 수 있다. 상대방은 각자의 거울이라서 진정한 사랑이 있다면 상대의 눈을 통해 자신을 볼 수 있다. 그리고 그 눈동자 사이에는 늘 칼날이 존재한다. 그 칼날은 결코 사라지지 않는다. 사랑은 언제나 벼랑 끝에 서 있다.

어느 날 오후에 우리는 말썽쟁이를 사랑하게 된다. 그는 우리에게 덤벼들어 우리를 숨 가쁘게 만든다. 우리는 너무 기뻐서 죽을 지경이다. 태양에게 묻는다. 어째서 우리에게 일어나는 일을 보지 않느냐고. 그러고는 심장 고동 소리가 들리지 않도록 라디오 소리를 한껏 높인다. 그 순간이 지나서야 우리를 이렇게 만든 것이 우리와 아무 상관이 없다는 사실을 깨닫는다. 게다가 간혹 우리에게 상처를 준다는 것을 알게 된다. 사랑받는 이는 자신을 사랑하는 이를 꼭 끌어안을 수 있다. 그를 만나러 가는 길에 평범한 산책의 즐거움을 누렸거나 지하철에서 만난 누군가가 너그러운 눈길을 보냈다는 이유만으로도.

> ······ 우리는 속아 넘어간 가여운 연인 때문에
> 기만당한 어리석은 연인들의 사연에
> 지친 사람들.

사랑받는 이가 자신을 지키기 위해 거짓말을 하는 것은 당연하지 않은가? 처음에는 자신을 보호하는 사생활의 작은 영토를 숨기고자 거짓말을 하지만, 나중에는 이미 거짓말을 했기 때문에 한다. 이전의 거짓말을 은폐하기 위해서. 사랑하는 이가 집요하게 추궁하여 사실을 알아내면 그는 더 많은 거짓말을 하며, 결국 거짓말 그 자체가 된다. 유일하게 남는 진실은 가면무도회에서처럼 지겨움과 두려움, 숨 막힘과 증오로 변해가는 미움뿐이다.

사랑하는 이는 비난을 거부하며 믿지 않는다. 다른 사람들 앞에서, 자기 자신 앞에서 자신의 사랑을 방어하려고만 한다. 자기 가슴에 분노와 원한이 사무칠 때까지. 사랑받는 이가 점점 심문에 휘말려 들어가 결국 처음 발단이 되었던 거대한 거짓말들을 토해낼 때까지.

> 망각은 존재하지 않아
> 아름다움은 끊임없이 그리워하고 추구하지
> 스스로를 추억하고 예언하기 위해서.

> 우리는 열한 살이었고
> 사월이란 단어는

우리 두 사람에게 같은 의미를 담고 있었지.

연인은 사랑을 포기할 수 있지만
아, 그가 사랑했던 시간만은
영원히 사랑하리.
동이 틀 무렵
온 세상을 품고 있던 어떤 시선
그 순간 말로는 꺼낼 수 없었던 것을
노래로 표현하리.

사랑하는 이는 사랑을 포기할 때도 있지만 사랑했던 순간만큼은 영원히 사랑한다. 이미 존재하지 않는 그 순간을. 편지들, 땅거미가 지는 순간들, 몸짓, 속옷, 말에서 그 순간을 찾으려고 한다. 하지만 불가능하다. 그는 다시 초조하게 가방을 뒤진다. 없다. 부주의한 탓인지 그 시간은 지금 엉뚱한 곳으로 갔거나 누군가 훔쳐갔다. 우리가 사랑했던 그 시간은 우리를 잊어버렸다. 이제 그 어느 것도 돌이킬 수 없다.

사랑은 결코 사랑하는 이를 만족시키지 않는다. 시간이 고통의 흔적을 지우고 기쁨 가운데 그를 안주하게 할 때 그는 뒤를 돌아본다. 다른 일은 하지 않고 금은보화만 지키면서 만지작거리고 있는, 그래서 그쪽으로 심장이 기울어진 구두쇠처럼 그는 늘 어제보다 덜 가졌다고 생각한다. 그래서 그 생각만큼 날마다 덜 가진 채로 살아간다. 그는 사랑하는 사람이기 때문이다. 힘겨운 사업에서 엄격한 회계 업무를 맡고 있는 사람이기 때문이다.

  사랑은 독점하려는 소유욕이다. 사랑하는 이에게 사랑은 이 세상이 주는 선물이다. 세상은 눈동자에, 입에, 이마에, 손에, 육체에 그리고 영혼을 에워싸며 경계선을 긋는다. 그러면 세상은 일단 사랑하는 이의 세상이 되며, 당연히 그는 언제까지나 세상의 모든 것을 독점하고 싶어 한다.

  사랑하는 이는 이 세상의 현실을 오직 한 사람에게 집약시킨다. 나머지는 그 사람을 통해서 본다. 그는 창조의 중재자이며, 현실의 대리인이다. 그것은 사랑의 달콤한 해악이며, 다모클레스의 칼*이며, 대재앙의 찬란한 징후다.

  사랑하는 이는 나이, 시간의 느릿한 흐름과 흐릿한 흔적에 무관심한 채로 자신이 사랑하는 세계 주변에 경계선을 긋는다.

  우리 시대에 사랑으로 고통받고 있다면 그것은 편애하고 있다는 신호다. 사랑을 포기하고 눈물을 글썽이는 자들—자기 자신은 결코 동정하지 않는—에게 나는 온 마음을 다해 축하의 말을 해주고 싶다.

---

*다모클레스가 디오니시오스의 행복을 터무니없이 과장하며 아첨하자 디오니시오스는 화려한 잔치에 그를 초대해 한 올의 실에 매달아 놓은 칼 밑에 앉히고 참주의 행복이 항상 위험과 함께 있음을 깨닫게 하였다. 그 후 절박한 위험을 뜻하는 '다모클레스의 칼'이라는 말이 생겼다.

사랑하는 이는 남고
사랑받는 이는 지나간다.

나는 내가 사랑했던 사람들을 제법 자주 울게 했다. 내가 무정해서 그랬는지 연민 때문에 그랬는지 잘 모르겠다. 결과는 항상 똑같았다. 그들이 젖은 얼굴로 다가와 내 입술에 입을 맞추면 찝찌름했다.

사랑하는 이가 버림받아 괴로워한다면 사랑에 성性을 포함시켰기 때문이다.

우리를 사랑하는 사람은 우리의 동지인데도 우리에게 상처를 준다. 그는 동지이자 우리에게 상처를 줄 수 있는 유일한 존재다. 순순한 강물처럼 그는 우리를 반영한다. 그러다가 우리를 삼키고 우리의 잔해를 끌고 가는 사나운 강물이 된다.

누구를 만나든지 그토록 유머감각이 풍부하고 씀씀이가 넉넉하고 흠잡을 데 없었던 떠나간 연인이 얼마나 잔인했는지를 우리가 설명할 때 누가 그 말을 믿어줄까? 오직 우리에게만 진정한 영향력을 발휘했던 그의 아름다움을 그를 모르는 사람이 과연 믿어주기나 할까? 다른 사람들에게 사랑하는 이는 언제나 평범하고 그저 그런 존재다. 다른 사람들과는 시간을 허비하지도 않고, 그들을 정복하지 않으며, 그들의 몸 밑에 누워 환희의 비명을 지르지도, 깔깔대고 웃지도, 후회의 눈물을 흘리지도, 자기 자신을 포기하면서까지 우리가 되려고 하지도 않기 때문이다. 신용을 잃은 우리가 모든 사랑이 진정 우리의 삶이었노라고 누구를 설득할 수 있단 말인가?

사소한 사랑싸움을 할 때마다 매번 모든 힘과 모든 무기와 저항을 동원했다. 그 싸움이 마지막이라고 생각했으니까. 연인들이 꾸며내는, 결국에는 뜨거운 화해로 끝나서 없던 일이 되고 마는 거짓 이별이 순전히 거짓일까? 이별에는 한 가지 목적이 있다. 진짜 이별, 진짜 단절의 복사판이거나 시도이며, 이것이 언제 어떻게 우리 문을 두들길지 아무도 모른다. 거짓 이별은 고독의 서막을 올리기 위한 훌륭한 예행연습이다. 서막이 오르기 전까지 사랑받는 이는 지겨워하고, 심란해하고, 가지지 못한 것에 연연해하고, 이미 떠나버린 다른 사람, 다른 장소, 다른 방식, 다른 활동, 다른 기쁨을 그리워하며, 그것들을 돌려받는 꿈을 꾼다.

사랑하는 이는 자신의 모든 행복이 다른 사람에게 달려 있다는 것을 잘 알고 있다. 그리고 그 사람으로 인해 거대한 불안과 자기도 모르게 앙심을 불러일으키는 동경이 뒤섞인 감정을 느끼기 시작한다. 그가 자신의 자유를 전적으로 의존하고 있는 구속자에 대한 앙심 말이다. 또 사랑하는 이는 자신에게 가장 소중한 것이 상대방의 손에 들어 있다는 사실을 알고 있다. 그러니 손에 들고 있는 물건이 얼마나 중요한지 알려주어서는 안 된다. 행여 겁을 내어 그것을 떨어뜨릴 수 있기 때문이다. 사랑하는 이는 자신이 화를 내는 이유가 얼토당토않다는 것을 알고 있지만, 자신이 아는 사실을 상대방도 알고 있다는 것은 모른다. 팽팽한 긴장을 야기하고 후회할 말을 내뱉게 하며, 여기에 질투를 더하는, 마치 어느 집으로 쳐들어간 흉한 전염병 같은 분노. 그나마 남아 있는 소소한 감정들마저 파괴하고, 사랑하는 이를 사형 집행인으로 만드는 분노. 이때 사랑하는 이는 자신의 집요함, 부족한 이해심, 사랑받는 이에게서 겨우 생겨난 다정한 마음을 거부한 일에 책임감을 느끼기 시작한다. 사랑은 책임감과 앙심이라는 결실을 맺고 그것으로 사랑을 삼켜버린다. 그러면 사랑하는 이는 홀로 남아 이렇게 중얼거린다. "난 버림받았어." 사랑받는 이는 영문도 모르는, 그래서 도저히 참을 수 없는 비난을 퍼붓고 난폭하게 굴어서 그를 쫓아낸 사람이 바로 자기 자신인데도 말이다. 사랑하는 이는 바다를 작은 보석 상자에 담아 그것을 목에 걸어두고 싶어 하는 어리석은 존재다.

오직 사랑받는 사람만이 약속 시간에 조금 늦게 나타나는 것이 어떤 의미를 갖는지 알고 있다. 또 스스로 지키지 않으려면 죽고 살아나는 일을 너무 많이 반복해서는 안 된다는 것을 잘 알고 있다. 그러나 누가 마음이 지치지 않고 매일 매일 찾아와주기를, 전화해주기를, 천연덕스럽게 "나야" 하며 들어오기를 기다릴 수 있단 말인가. 사랑받는 사람은 사랑받고 있다는 확신이 들면 자신이 그 자리에서 내몰릴 수 있다는 걱정은 조금도 하지 않는다. 그에게 사랑은 누군가 가지고 있다가 빌려주는 하찮은 물건에 불과하니까. 그는 빌린 물건을 주인의 기분이 상하지 않도록 그저 예의상 한번 사용할 뿐이다. 그는 "어제는 갈 수가 없었어." 혹은 "자기는 뭐 했어?"라고 말한다. 오직 와주기를, 전화해주기를 기다리는 일 외에는 아무것도 할 수 없었다는 것을 알면서도. 전화기 옆이나 현관 문 앞에 붙어 앉아 있었고, 앞집 옥탑방 창문만 하염없이 바라보거나, 바람에 비둘기장 창살이 윙윙대는 소리를 듣거나, 도둑맞은 시간을 일분일초마다 마음에 새기고 있었다는 것을 뻔히 알면서도 말이다. "오후 내내 집에 있었어. 머리가 좀 아파서." "그럼 내가 안 가길 잘했네." 물론 상처를 주려고 한 말은 아니다. 그는 그저 무심하고, 사랑하는 이와 다른 언어로 말하고 있을 뿐이다. 그에게 그날 오후는 공부를 하거나 춤을 좀 추거나 친구들과 희희낙락 수다를 떨다가 문득 누군가에게 ─ 그 지겨운 사람에게 ─ 전화하기로 했다는 것을 기억해냈다가 이미 시간이 너무 늦어 전화할 필요가 없어졌다는 사실을 깨닫는 짧은 시간일 뿐이다. 아니면 원래 약속한 시간보다 다섯 시간 늦게 나타나 뒤통수를 긁적이며 변명 섞인 농담과 함께 미소를 던진다. "버스를 놓쳤지 뭐야." 그러고는 의자에 앉아 이렇게 덧붙인다. "배고파……." 상대방은 몹시 화가 나서 말없이 갖고 있는 음식을 꺼내 놓는다. 애써 거짓말을 하는 모습을 보면서, 아직은 그런 거짓말을 할 만한 가치가 남아 있다고 안도하면서 그의 가슴은 국화꽃처럼 피어오른다. 그가 먹는 동안 어떻게든 상처를 주려고 대꾸한다. "그렇게 오래 걸렸으니 당연히 배가 고팠겠지." 우리가 이미 너무 많은 상처를 받았기 때문이다. 그러면 그는 느닷없이 접시를 옆으로 치우며 입맛을 다신다. 그러고는 십여 분 동안 허공을 바라본다. "제발 바보처럼 굴지 말고 더 먹어, 그냥 심술 나서 해본 소리였어." 우리가, 우리가 이렇게 애원할 때까지!

고독이 길어지면 누군가 자신을 부르는 소리가 들리는 것만 같다. 사랑하는 이의 가슴 깊은 곳에서는 전화가 하염없이 울어댄다.

사랑하는 이에게는 오직 슬픔만 있다. 그는 언제나 이미 잃어버린 것만 잊는다. 그래서 고통은 더 커다래지지만 그것 또한 마다하지 않는다. 사랑의 손이 그 고통을 넘겨주기 때문이다. 그는 끊임없이 상처받기를 원한다. 그 고통이 그를 극한의 상황으로 내몰지라도. 이별을 할 때마다 마지막이라고 생각한다. 말싸움을 할 때마다 이게 끝이라고 믿는다. 그리고 이런 배신이 더 이상 없기를 바란다. 밤이면 밤마다 새로운 고통을 베고 잠이 든다. 길거리에 날아다니는 총알이 며칠만 안 보여도 온 국민이 공포에 질리는 혼돈에 휩싸인 작은 나라들처럼. "총소리가 들리지 않아. 또 무슨 음모를 꾸미고 있는 건 아닐까?" 결국 사랑하는 사람은 삶의 이런 눈속임을 파악하느라 다른 삶은 원하지 않게 된다. 게다가 "이런 행복이 지속되는 건 불가능해"라고 주장하면서 계속 삶을 망가뜨린다.

사랑은
성마른 종달새처럼
이 눈길 저 눈길에
뛰어오른다.
나뭇가지에 꽃이 피고
달콤한 정글의 연인들은
황금빛 아침에 노래를 부르며
길을 잃는다.
그러나
두 허리 사이에는

여전히 칼날이 남아 있으니
연인은 모두 종달새며
정글이며, 아침이다.
자기 안에서 그것들을 즐기며
자기 안에서 그것들을 잃어버린다.

사랑은 사랑을 하고 있다는 것
밀려오는 파도를 느끼지 못한 채
열기는 권태로 바뀐다.
하지만 땅거미가 지면
연인은 바다가 자기 거라는 걸
깨닫는다.
그리고 두 팔을 벌린다.
기진맥진한 채로
죽음을 위협하는 심장의 고동을 움켜잡고
죽음에서 살아나고
죽음을 견디며 조롱하고 싶어 안달한다.
그의 시도는 아침의 기쁨을 연장하고
가슴을 푸르게 물들인다.
그러나 헛되고 헛된 일
입술과 입술 사이에
칼날이 기다리고 있으니.

사랑은 모래 위에 세운 허무한 집
'마지막'이라는 단어가
쉴 새 없이 끙끙대는 그 후미진 곳
바람이 심장 속에 있으니
심장은 죽음과 관련된 것이니
건망증에 걸린 연인이
"여기서는 내 삶을 찾을 수 없어"라고 말하며
자신의 삶에 자유를 부여하고
다른 눈동자를 찾을 때
칼날이 그 눈길을 싹둑 자를 수 있다는 걸
모른다.

공허한 다툼이 얼마나 사랑을 슬프게 하는가.
우리는 날마다 서둘러 죽음에 다가간다.
죽음이 지배하는 신비로운 계곡에서
모험을 단행하는 것이야말로
죽음을 이길 수 있는 유일한 방책이다.
홀로페르네스*는
사랑의 찬사로 그녀를 죽음의 천막으로 유혹했으니
이 무시무시한 죽음에서
새로운 심연을 향해 가는 이 끔찍한 도주에서
사랑하는 육체에서 벗어나
평온과 어둠 속으로

무無의 경계로
칼날처럼 예리한, 그 위험하고 가파른 경계선으로.

우주를 떠받칠 수 있을 것 같은 그 손은 수를 세는 데 사용하던 손이다. 사랑하는 이는 이미 다른 생각에 골몰하고 있다. 에로스는 너무나 위태로운 둥지다. 그 안에서는 편하게 숨을 쉴 수가 없다. 사랑하는 이가 고꾸라져 다치지 않았으니 감사해야 한다. 아니 어쩌면 상처를 입는 것이 그에게 일어날 수 있는 최선의 길인지도 모른다. 완전한 황홀경에 취해, 환희에 찬 혼수상태에서 죽는 일 말이다.

어쩌면 난 죽었는지도 모른다. 먼저 죽는 쪽은 늘 사랑하는 이다. 내 안에 무언가가 아직 살아 있다면 추억이 그것을 붙들고 있기 때문이다. 그러면 그것은 죽지 않고 남아 얼마나 많은 일이 일어났는지를 증언하리라. 한 번 일어나는 일은 영원히 일어난다. 사랑하는 사람의 심장은 이런 목적만을 위해 만들어졌다. 사랑이 다가올 때를 제외하고는 진실해본 적이 없는 이 세상의 진정한 증인이 되려고 말이다. 모든 역사가 그렇듯 이 역사에서도 진정한 이야기는 털어놓지 않은, 털어놓을 수 없는 사연뿐이다.

사랑하는 이가 상대방으로 하여금 모든 것을 위해 죽기를 요구하는

---

*아시리아의 장군으로 이스라엘을 침공하지만 이스라엘의 유디트란 처녀에 의해 목이 잘린다—옮긴이.

날들이 있다. 투명인간이 되기를, 평범한 잿빛이 되기를 바라는 날들이 있다. 그래서 거리에서 흔히 보는 남자가 되기를. 그를 사랑하게 한 아름다운 특징들이 모두 사라지도록. 아무도 그것을 느끼지 못하도록 말이다. 그렇게 사랑받는 이가 사랑하는 이를 위해 죽는 날이 있다. 우리가 어떤 대상을 파괴하려 하면 그 사람은 결코 우리 것이 될 수 없다. 그저 추억만이 우리를 위해 남겨질 뿐이다.

나는 진정한 사랑을 해본 적이 별로 없다. 나는 까다로운 사랑의 이론가이자 지독한 연인이다. 나는 말싸움이 잦고, 말재주가 능란하며, 까다롭고, 거만하다……. 이 모든 것이 사랑받는 사람을 몹시 피곤하게 한다. 급기야 어느 날 그 사람은 더 이상 참지 못하고 수건을 집어 던지며 날 저버리고 만다. 그 순간 트럭이 달려와서 그의 이성을 공중으로 날려버렸으면 좋겠다. 하지만 이내 마음을 닫고 그 사람이 잘되기를 바란다. 그러고는 다시는 그 사람을 쳐다보지 않는다.

우리 모두는 결혼을 두려워하는 연인들을 겪어보았다. 그들은 결혼이 그 자신을 끝장낸다고 생각한다.

연인들의 날을 기념하는 연인들은 사랑을 양철 대야만큼 축소하려 든다. 북두칠성과 곡예를 하려고 든다. 사랑은 날짜도, 제한도, 기억도 요구하지 않는다. 축하도 기념도 요구하지 않는다. 사랑은 낮과 밤의 모든 시간과 꿈속에까지 존재하며, 등대처럼 삶을 비춘다.

사랑의 기초가 되는 열정과 환희를 저버리고 향수 두 병이나 다이아몬드 반지 혹은 쌍안경을 사는 연인들은 도대체 무슨 생각을 하는 걸까?

> 입술이 주는 물을 마시기 위해
> 사랑이 눈을 감을 때
> 죽음이 찾아오면
> 살아 있다는 건 다만 초라하고 꼴사나울 뿐.
> 파충류 같은 표면 위를
> 미끄러지는 촉감이라니.
> 그러면 사랑하는 이는
> 고독을 만끽하며
> 치명적인 뱀의 포옹으로
> 사랑하는 사람에게 다가가리.
> 그의 반지는
> 그를 소멸시키고, 죽이고, 사라지게 하리라.
> 자기 안의 공허로 돌아가
> 새로운 존재를 발견하라.
> 고독에 고독을 더하라
> 흥분하고 동요하여
> 자기 안에서
> 심연을 파헤치고
> 사랑하는 이의 심연 가에서

깊은 생각에 잠긴 심연에서
그의 증오를 바라보며
또 다른 심연으로
몸을 던져라.

우리이기도 한 그 낯선 자에게
무슨 원한이 생길까.
물어뜯고, 할퀴고, 탐식하고, 빨아들이고
자기 자신의 배신에 복수하려 들고
자기 것이 아닌 그를 소유하며
굴복하고도 이겼다고 믿으며
유일한 유산, 고독을 버리리라
적의 자비심에 침략당한 고독을.

그 누구도 사랑받는 이보다 강하지 않으니
그 누구도 그토록 용맹하게 전투를 선포하지 않으니
사랑하는 이는 반역하는 자신의 검을 보리라.
그의 왕관이 썰물에 휩쓸려갈 때
우리는 얼어붙은 환멸의 재를 발견하리라.
형식적인 연인은
이런 식으로 신비한 균형을 이루고
다시 조화를 이루리.
미소를 지으며 영원히 기다리는 자가

장님에게 강요하는 그 조화를.
나는 벌거벗은 채로 고통을 감수하고
비밀리에 돌아다니는 적개심 앞에서
속임수가 난무하는 척박한 땅에서
폭행당한 희생자는
이미 죽은 새처럼
허망한 자신의 운명을 바라보고
그 사이 땅에는 과실이 익어 가리라.

사랑과 우정 사이

라틴어 페르소나(persona, 사람)는 배우들이 얼굴에 쓰는 탈이다. 탈은 배우들이 자신의 본모습을 숨기고 등장인물이 되기 위해 쓴다. 또한 자신의 목소리를 강렬하게 만들기 위해서 쓴다. 사람은 진실을 숨기기도 하고 선포하기도 한다. 친밀감이 부족한 사람은 믿을 만한 사람이 아니다. 자기 안에 숨어 있는 깊은 내면을 모르는 사람이다. 바로 그곳이 우정의 근원이다. 우정은 우리에게 상처를 줄 수 있는 무기를 누군가에게 믿고 내어주게 한다. 우리를 향해 절대로 그 무기를 휘두르지 않을 것이며 오히려 우리를 방어해줄 거라는 확신을 가지고 말이다.

오직 애정에서 비롯된 신뢰 속에서만이 우정이 탄생한다. 그 반대의 경우는 우정이 아니다. 경향, 취향이 있을 수 있지만, 우리는 우정이라는 이름으로 타인을 우리와 친밀한 사람으로 만들 수 있다. 가장 깊은 우정은 우리가 눈으로 직접 보고 모든 것을 발견하도록 도와준다.

우리가 좋아할 만한 일을 하기 때문에 친구인 것은 아니다. 아무리 우겨도 그건 아니다.

나는 어린 시절의 친구들을 살펴보았는데 지금까지, 그토록 긴 세월이 흘렀는데도 대여섯 명, 혹은 예닐곱 명과 아직도 친구로 지내고 있다. 아무래도 난 친구 복을 많이 타고난 모양이다. 간혹 사람들은 뒤를 돌아보며 이렇게 말한다. "저런, 벌써 십년, 이십 년, 어머, 이십오 년이 지났네." 그것이 진정한 우정이며, 해가 갈수록 가늠하지도 못할 만큼 자라고 자라는 우정이다. 그것은 공기가 없으면 죽는다는 사실을 의식하지 못한 채로 공기 속에서 살고 있는 것과 같다. 숨을 쉬는 것을 인식하지 못하듯, 공기라는 존재도 거의 느끼지 못한다. "숨은 보이지 않는 시詩다." 릴케가 말했다.

이따금 우정은 사랑이 그렇듯 예기치 않게 찾아오며, 릴케가 잘 키우는 비결을 알려준 아름다운 잔디처럼 아주 느릿느릿 커간다. "아주 간단해요. 씨를 뿌리고 삼사 세기 동안 물을 주면 됩니다." 릴케가 말했다. 즉흥으로 되지 않는다. 자연에서는 캥거루보다 더 잘 뛰는 것이 없다. 전진하기 위해서는 늘 확인이 필요하다. 그러다가 어느 날, 몇 년 전부터 쉽게 흔들리지 않는 친한 사람 서너 명이 곁에 남는다. 어떤 진동에도 파멸에도 실패에도 떨어져 나가지 않는 사람들 말이다.

우정은 눈을 멀게 하지 않는다. 헌신하고, 오래가고, 단호하고, 명확하다. 그래서 친구의 실망과 배신은 치료할 수 없는 상처가 된다. 우정의 본질은 자유와 신의다. 우정이 무너지면 의지할 곳도 세상에 대한 믿음도 모두 무너지고 만다.

우정이라고 해서 반박과 증오와 비난이 없겠는가. 하지만 우정은 긍정적인 감정이며, 비난과 증오와 반박을 쉽게 소화할 수 있는 감정이다. 그런데 요즘은 이런 소심하고, 고집스럽고, 중립적인 감정을 사랑이라고 부른다.

내 친구들은 나를 친한 친구라고 생각한다.

지금이나 나중이나 친구를 사귀지 못하는 남자는 나눠줄 우정이 없는 사람이다. 꽃을 피울 곳도, 씨를 뿌릴 곳도, 섬세한 관심도, 자신에 대한 너그러움도 없다. 자기 자신으로 가득 차 있어서 다른 사람이 들어올 여지가 없다. 삶을 빛나게 하는 고귀한 감정(모든 감정 중에 가장 고귀하다. 중립적인 감정이라는 면에서 사랑보다 더 고귀하며 우정이 선물로 주는 감정이다. 사랑처럼 대가를 바라지도 않는다)에는 적합하지 않은 사람이다. 진정한 남자라면 이 고귀한 감정을 위해 목숨을 버릴 수도 있어야 한다.

내가 겪은 죽음은 우정의 죽음이었다. 그 긴 내 사랑의 죽음조차 우정으로 변했을 때 내게 다가왔기 때문이다. 그리고 그 우정의 죽음은 마치 지도를 잃어버린 듯한 느낌을 주었다. 내가 이름을 부르는 사람, 이미 목소리를 알기에 전화를 걸면, "잘 있었어?"라고 말문을 열면 되는 그런 사람을 잃었다. 우정의 죽음은 몹시 고통스럽다. 그 죽음은 아무리 시간이 흘러도 가시지 않는 무지근한 고통이다.

우정은 그네를 타는 곡예사 밑에 있는 그물이다. 우리를 떨어지지 않게 보호해주고 지탱해주는 그물…….

우정은 갓 태어난 사랑과 같다. 우정이 자라고, 시간이 우정의 유일한 증거일 때 우리는 비로소 어느 곳을 바라보고 싶은지 알게 된다. 이미 다 자란 몸집으로 태어나는 사랑도 있다. 제우스의 머리에서 이미 성인이 되어 태어난 아테나처럼 말이다. 왜소하고 불안정하게 태어나는 사랑도 있다. 그래서 누군가의 팔이나 힘에 의존해야 한다. 우정은 바로 그런 도움을 바탕으로 이루어진다.

한 번쯤 생각해봤는지 모르지만 우정과 사랑의 감정은 아주 흡사하다. 개들은 사람을 사랑할 때 사랑의 몸짓을 쓴다. 그 경우에 개들은 우정을 사랑으로 혼동한다. 하지만 사랑을 우정으로 혼동하는 경우는 절대로 없다. 사랑은 지나가는 욕구다. 우정은 영원하다. 그러나 인간은 끊임없이 질투하는 동물이다. 사랑과 우정을 구분하는 데는 인간이 더 어려움을 느낀다. 인간의 사전은 ― 그리고 내 사전은 ― 우정을 순수하고 중립적인 애정이라고 정의하고 있다. 그리고 사랑은 이성을 향한 성욕을 불러일으키는 열정이며, 진정한 혹은 가상의 활력을 찾게 해주는, 그래서 즐기고 싶어 하는 애정이라고 정의한다. 사전은 변화를 모른다. 실제로 우리는 사랑을 너무 많은 이름으로 부르고 있다. 아니, 부를 이름이 너무 없는가? (어떤 점잖은 남자 ― 플라톤적인 사랑의 주인공 ― 가 있었는데 그는 사랑을 아름다움을 낳으려는 욕구라고 생각했다. 그래서인지 플라톤은 플라톤적인 사랑을 하지 않았다.) 나는 사랑의 감정이 우정처럼 순수하지만 사심이 없다고는 생각하지 않는다.

일단 사랑이라고 하면 사심이 없을 수가 없다. 사랑은 독점적인 소유권을 주장한다. 그 첫 번째 단계는 누군가에게 아주 특별한 관심을 가지는 것이다. 그러니 남녀가 우정 안에 있지 않으면 몹시 궂은 날씨에 노출되어 있는 것이나 마찬가지다. 우정은 아주 신중한 큰언니처럼 변덕스럽고 종잡을 수 없이 흔들리는 사랑을 바로잡아야 한다. (그렇게 오락가락하는 자유가 없으면 사랑의 본질 ― 불안과 위험, 일상의 사소한 관심을 요구하는 ― 을 잃어버리는 사랑 말이다.) 불행히도 사랑이 변하지 않는다고 보장해주는 보험회사는 어디에도 없다. 그런데도 연인들은 보상금을 기대한다. 그렇다고 우정이 지속되도록 보장해주는 보험회사가 있는 것도 아니다. 그럴 필요가 없다. 한번 빌려준 우정은 회수가 불가능하기 때문이다.

인간이 추구할 수 있는 가장 고귀한 사랑은 우정과 성적 욕구를 동시에 느끼는 사랑이다. 인간은 모래와 같아서 물에 쓸려간다. 바람에 마구 흔들리는 나뭇가지이기도 하다. 인간은 에로스에 정착해서 사는 주인이 아니다. 에로스는 편안히 숨을 쉴 수가 없는 너무 높은 둥지다.

에로틱한 것은 신비한 어떤 것이며, 피할 수도 없고 성취할 수도 없는 선물이다. 한순간만 지속되며 일시적이다. 팔짱을 끼고 눈을 감고 걸을 수 있는 사람은 없다. 그렇게 걸으면 누구라도 넘어진다. 늘 무아의 경지에서, 비탄에 잠겨서, 고난에 빠져서, 흥분에 들떠서만은 살 수 없다. 우정은 일상에 성적 욕구를 정박시키고, 기적 — 기적은 내일이 없다 — 에 현실을 묶는 사랑의 일부다. 우정은 사랑의 일상적인 부분이며, 수를 놓게 하는 수틀이다.

성적 욕구가 무책임하다면, 고립되고 독특하고 절대적인 현재성 — 과거도 미래도 없이 — 을 띤다면 우정은 황홀경에서 빠져나와, 시내 산의 빛에서도 살아남고, 에로스의 눈부신 광채 앞에서도 눈멀지 않는 사랑의 일부다. 그 우정의 기둥이 존재하지 않는다면 사랑하는 사람은 넘어지고, 설령 살아남는다 해도 잊어버린다. 살아남기 위해서 잊는다.

우정은 불완전한 사랑이다. 에로틱한 면이 없기 때문이다. 에로스는 불완전한 사랑이다. 확고하고 안정된 충절과 우정이 없기 때문이다.

사랑은 에로틱한 순간들을 담고 있는 우정이다. 그 우정의 탁자 위에는 많은 물건을, 아름다운 혹은 덜 아름다운 물건을 올려놓을 수 있다. 하지만 탁자가 없으면 모든 것이 뿔뿔이 흩어진다.

우정은 사랑하는 사람의 과목이 아니다. 사랑은 언제나 깨진다. 도착할 때도 떠날 때도. 피와 불로 들어간다. 피와 불에서 나온다. 그런데 영원에 대한 수없는 약속들은? 누군가는 약속을 선포하면서 그 약속을 믿는다. 그것을 듣는 사람은 믿지 않는다. 믿지 않는 것을 두려워한다. 그러고는 어느 날 밤 문득 다 살았다는 의심을 품는다. 다섯 번째 혹은 여섯 번째 삶의 허상에 참여하고 있다는, 그리고 그것이 거짓말이라는 의심이 툭 비어져 나온다.

   사랑하는 사람이 친구이기도 하다면, 완벽하다. 연인으로 당신에게 끔찍한 상처를 준 다음에 곧바로 당신의 어깨에 손을 올려놓고 친구처럼 위로를 한다면, 완벽하다. 오직 사랑만이 인간으로 하여금 완벽함을 추구할 수 있게 한다. 그렇다고 남녀 간의 사랑만 그런 것은 아니다. 나는 어떤 사랑이든 사랑은 태양의 동력이며, 별들의 동력이라고 생각한다.

   연인들은 대화를 거의 하지 않는데, 그러지 말고 매일 잠깐씩 마주 앉아서 각자의 불만을 털어놓고 서로 이해하도록 노력해보라. 언제나 연인들 사이에는 정확한 의사소통이 부족하다는 생각이 든다. 대부분 우리에게는 사랑하는 사람보다 더 신뢰하는 친구들이 있다. 내 경우는 그랬다. 불행한 마음을 이야기하고, 이야기하고, 이야기하지 않을 수 없었다. 사랑하는 사람으로 하여금 우리가 최고의 친구라는 것을 알게끔 말이다. 그렇게 하지 않으면 우정이 성립하지 않는다. 우정은 가난하고 초라하게 느껴질 때 기댈 수 있는 감정이다. 화려하고 잘 나갈 때는 주변에 사람이 들끓는다. 그래서 투우사의 애인은 투우사가 투우를 대충대충 하기를 원한다. 투우를 잘할 때는 투우사의 호텔 방에 사람들이 몰려와 앞 다투어 말을 붙이려고 하지만, 잘하지 못했을 때는 투우사 옆에 오직 그녀만이 남아 그를 위로하고 도와줄 수 있기 때문이다. 그런 의미에서 우리 모두는 투우사의 애인처럼 되어야 한다.

 사랑은 우리를 변화시키고 혼을 빼놓는다. 다시 말해 우리는 다른 사람이며 팔려온 사람이다. 우리 자신의 주인은 우리가 아니다. 하지만 우정에서는 다르다. 우정에서는 각자가 자유롭게 기꺼이 자신을 내어준다.

 남자와 여자 사이에는 진정한 우정이 존재하지 않는 걸까? 당연히 존재한다. 그리고 섹스에 대한 망설임이나 생식기의 울림이 없는 관계를 유지한다는 것은 바로 성숙하다는 표시다. 사실 여자의 이미지는 조작되었다. 욕구의 대상이 되거나 성스러운 처녀처럼 이상화되었다. 이브 아니면 마리아다. 여자의 현실은 이 두 출구로 나가 사라졌다. 성性을 극단적으로 양분하더니 열등하다고 생각하는 쪽에는 저급하고 복종적인 임무를 주었다. 이런 면에서라면 성당 신부들만큼 훌륭한 교양을 보여주는 예가 없다. 특히 성 아우구스티누스는 악명이 높다. "여자가 아들들의 창조를 돕고자 만들어진 것이 아니라면, 무엇 때문에 창조되었단 말인가? 남자와 여자가 함께 살고 대화하는 것보다 두 남자 친구가 함께 살고 대화하는 것이 더 낫지 않은가?"

 우리는 이따금 우정 혹은 사랑에게 구체적인 실체와 완벽한 진실을 요구한다. 어쩌면 우정과 사랑 역시 그것을 원하는지도 모른다. 자연스럽고, 눈에 보이는 구체적인 모습으로 나타나 주기를.' 그런 일이 일어날 때도 있다. 그러나 이내 그것이 환상이며 덧없는 현재라는 사실을 깨닫는다. 혹시 우리가 살면서 보는 현실적인 사람들이 실제로는 우리가 생각하는 만큼 그렇게 현실적이지 않을 수도 있다. 어쩌면 우리는 뼈와 살로 이루어졌으되 형체가 없는 존재들을 만나고 있는지도 모른다.

사랑과 우정, 모성애와 부성애에는 우리의 삶을 흥분시키고 멋지게 꾸미는 달콤한 복종이 존재한다.

사랑은 선물이다

사랑은 욕구이며 애절한 절규다. 주고받는 것이 아니라 일종의 선물이다. 언제나 고마워해야 하는, 서로에게 주는 선물. 비록 우리를 미치게 하지만 말이다. 유익하고 구체적인 목적은 없다. 다시는 돌아오지 않을 여행이다. 계산도 비교도 요구의 여지도 없는 의심이다. 확신은 영원히 오지 않는다. 날마다 미소를 지으며 말싸움을 하는 친밀한 전쟁. 언제나 다시 밀려오는 바다다.

사랑은 전쟁터로 나가는 일도 아니고, 의무도 아니다. 사랑은 우리가 받는 뜻밖의 선물이다.

남자는 성공하고 승리하기 위해, 이상을 추구하기 위해 노력한다. 그 어떤 야심을 위해 또 그것을 달성하기 위해 자신을 희생하기도 한다. 하지만 사랑은 언제나 선물처럼 주어진다. 선물, 그 이상도 이하도 아니다. 사랑은 정복하지 않으며, 그 자체로는 가치가 없으며, 흥분하지 않는다. 그러니 사랑을 만난 행운아들은 조심해야 하리라.

사랑은 망각으로는, 사랑 그 자체만으로는 만족하지 않는다. 스스로 생각하면서 우리에게 쏟아 부었던 풍요와 그 화려한 수확을 되돌려주면서 만족한다.

가장 진실한 사랑 — 사랑은 진실하거나 진실하지 않다. 사랑은 환상이거나 진실하다 — 은 좁다란 구멍이 아니다. 우주를 눈동자만큼 축소시킨 좁다란 세계가 결코 아니다. 진실한 사랑은 삐딱하게 프리즘을 비추는 것과 같다. 사랑은 대상을 축소시키지 않고 확대한다. 게다가 동화에 나오는 요술 가방처럼 아무리 꺼내도 자꾸자꾸 나온다.

자기애가 아닌 진정한 사랑은 사랑하는 이가 다른 사람들과 삶을 향해 두 팔을 벌리게 하는 그런 사랑이다. 괴롭히지 않으며, 따돌리지도, 거절하지도, 따라다니지도 않는다. 그저 받아들일 뿐이다.

우리가 유토피아를 꿈꾸지 않는다면, 어떻게 마음을 움직이겠는가? 타협하기 시작하면, 마요네즈와 다를 바가 없다. 삶은 감자를 마요네즈로 버무리면 먹기가 좋다. 마요네즈는 소스에 불과한데도 그것이 없으면 퍽퍽해서 먹기가 힘들다……. 나는 사랑이 다른 것이었으면 좋겠다. 구세주, 산타클로스, 이 세상을 보다 낫게 만들고자 꿈꾸는 자였으면 좋겠다. 내 사랑은 이 세상에 살고 있으며, 나는 사랑을 담은 눈으로 이 세상을 바라본다. 나는 언제나 이런 사랑을 꿈꾸어왔다.

다른 사람을 내 몸처럼 사랑하려면 먼저 저마다 자기 자신을 사랑하고, 자신의 행복을 누리며, 자신을 알고 다정하게 대하는 태도가 필요하다. 이렇게 하지 않으면 다른 사람들을 사랑할 수 없다. 이따금 개개인은 종種 — 전체 — 과 반대로 갈 때가 있지만, 종은 모든 것의 절대적인 주인공이다. 그리고 우리가 스스로를 충분히 사랑하지 않는다면 전체를 사랑할 수 없다.

타인을 내 몸처럼 사랑하는 유일한 방법은 타인을 나 자신이라고 생각하는 것이다.

> 사랑을 하는 모든 자는 사랑하는 사람에게서
> 자신의 운명을 찾고
> 어느 날 오후에 말한다.
> "나는 찾았어"
> "그 입술 위에서 쉬리라" 하지만
> 실재하지 않는 삼나무 숲이 있으며
> 그 숲에서는 사십 개의 달을 관통한
> 시커먼 강물이 흘러내린다.
> 마침내 꿈이 와서
> 꿈을 꾸다 잃어버린 말을 가지고 갈 때만이

다시 그 숲으로
돌아갈 수 있다.

언제나 존재하려는 찰나에
운명은 수평선을 위해 간절히 외친다.
의무는 달성했으나 전달되지 않은
끝났으나 진행형인
누이와 같은 죽음.
운명은 죽음이 아니라
우리를 해방시키고
우리의 눈동자에 마침표를 찍는 것.

우리는 운명이다.
존재는 동정하지 않으며
고독은 다른 고독과 동행하지 않는다.
사랑하는 이는 사랑에서
자기 잘못을 인정하려고 한다
거울처럼
자기 자신이 다른 연인이 손에 든 거울임을
알지 못한 채
자기 자신을 찾는다는 것을
알지 못한 채.
우리는 새를 목 졸라 죽이고

양의 창자를 읽고

희생자들의 각막에서

표적을 발견한다.

피는 피를 부른다.

하지만 누가 우리를 친밀한 적에게서

구해줄 것인가?

그 존재가 끔찍한 희망인 그에게서

구해줄 것인가?

우리는 아마포로 가린

그 얼굴을 맞이한다

그의 거동과 모습은 무시하면서.

그의 눈길에도 사그라지지 않고

불타오르는 들장미가 있다.

사랑의 제단에서 죽음이 불에 타듯이.

사랑하는 이는 즐거워하며

이따금 사랑하는 이를 향해 얼굴을 돌린다.

그리고 즐거워한다

텅 빈 가슴

그 열기에 삼나무의 마지막 줄기가

차가운 공기를 뒤흔드는 동안.

그 재갈이 물려 키스할 수 없고

거친 말을 없애지도

한밤중에 재갈을 부술 수도 없다.
아, 죽음은 얼마나 달콤한가!
신방의 잠자리는 얼마나 부드러운가!
눈을 가리고 그렇게 가자
삼나무 아래서 지금, 영원히
우리를 기다리고 있는
불멸하는 적의 얼굴을 향해.

복음은 어떻게 분명하게 돌아오는가. 의무를 완수한 다음에는 죄를 고백해야 한다. 우리는 쓸모없는 죄인이며, 오직 우리에게 주어진 일만을 했다고 고백해야 한다. 그것은 실천하기가 너무 어려운 새로운 명령이다. 내가 너희를 사랑한 것같이 너희도 이웃을 사랑하라. 너희 자신을 사랑하는 것처럼 사랑할 게 아니라, 내가 너희를 사랑한 것처럼 사랑하라. 즉 목숨을 다해서. 그리고 "주여, 주여" 하는 자는 왕국에 들어가지 못할지니라. 결코 들어가지 못하리라. 다만 죽음을 사랑한 하느님의 뜻을 다하는 자만이 왕국에 들어가리라. 여기서 너는 나로 인해 노예의 모습을 하고 벌거벗은 모습으로 성만찬에 참여하라. 완전히 벌거벗은 빈 몸으로 내 영혼과 소통하라…….

죽음이 삶의 본질적인 문제는 아니다. 늙었거나 젊었거나 어쨌든 인간을 사랑한다는 것 — 언제나 사랑, 사랑이다 — 은 고통의 십자가에 매달린 그들을 바라보는 것도 아니고, 예수가 고통을 받고 은혜를 베풀었으며 고통스러운 중에도 쓰디쓴 담즙을 마셨으니 고통은 거룩하다고 그들을 위로하는 것도 아니다. 인간을 사랑한다는 것은 모든 수단과 전력을 다해 십자가의 못을 뽑고 기쁨에 젖어 그들을 끌어안으려고 애쓰는 일이다.

하느님 안에서 인간을 사랑한다는 것은 침이 마를 만큼 고통스러운 일이다. 수세미를 문지르는 것과 같다. 스스로 다치려고 아픔을 자처하는 일처럼 보일 수도 있다. 신자는 의지로 되지 않는다. 이것 또한 선물이다. 하지만 스스로 신자가 된다면 더 좋겠지. 신은 요즘 흔히 말하듯이 해결사다. 놀랄 필요가 없다. 그래서 인간의 몸이 되었으니까. 그리고 곧바로 하늘로 올라가지 않는다……. 주변을 둘러봐야 한다. 고통은 어디에나 있다. 가난한 자들의 침대가 죽 늘어서 있다. "나는 발가벗은 자요, 죄수요, 배고픈 자요, 환자요, 노인이다……." 나머지 사람들은 완전한 실체다. 신神 안에서 인간을 사랑해서는 안 되며, 인간 안에서 신을 사랑해야 한다. 장막 안에 있는 하느님은 좀 그냥 두어야 한다. 이제 우리가 그를 생각할 수 있는 영원한 시간을 갖게 될 테니. 그로 인해 고통 받고, 열정을 요구하고, 언쟁하고, 밟히는……. 기도와 경배는 자비의 날개를 자르지 못한다. 자비는 최고의 경배이며 가장 깊은 기도다.

최소한의 객관적인 근거도 없는 결정으로 삶 전체를 위태롭게 만들 수도 있다. 거기에 사랑이 있었다. 그리고 믿음이 있었다. 믿음은 우리를 우리 안에서 꺼내 길 밖으로 던져버린다. 이는 전통적인 개념이 아니라, 비천한 자를 사랑하기 위해 굴욕과 수치를 감수하는 신神의 개념과 일치한다. 신은 전통적인 개념이 아니다. 신은 권능과 영광으로 나타난다. 오직 이런 식으로만 신이 허락한 진정한 이치에 도달할 수 있다. 증명해 보일 수는 없지만 진정한 이치.

타인을 위해 살면 우리는 더 위대하고 더 성숙해진다. 종교적인 이유건 이상주의적인 이유건 그런 자세는 존경을 받아 마땅하다. 하지만 오늘날 이상은 아무 소용이 없으며, 이상을 갖고 있는 사람도 거의 없다. 모두가 이기주의자로 변했고 쩨쩨해졌다. 날이 갈수록 더 쩨쩨하게 살아가고 있다.

"사랑하지 않는 자는 죽은 자이다." 성 요한은 말했다. 우리와 같이 살고 있는 사람들, 손을 뻗어 살을 만질 수 있고 그들의 눈동자에서 우리 모습을 볼 수 있으며 그들의 몸짓과 영혼을 짐작할 수 있는, 우리와 같은 그들을 사랑하지 않으면서 어떻게 눈에 보이지도 않는 신을 사랑할 수 있겠는가? 신은 모든 인간의 결집체다. 인간을 받아들이는 샘물이요 바다다.

음악이 너희에게 있으며 동시에 너희 위에 있다는 확신이 들면 삶 앞에서 순종의 미덕을 보여야 한다. 너희는 삶의 도구다. 삶이 너희 것이 아니라 너희가 삶의 소유물이다······. 나는 희망을 간직하고 있다. 그러니까 어느 행복한 날, 음악과 다른 예술의 화려한 길을 통해 너희 모두가 진정한 형제요, 들리지 않는 우주의 메아리요, 전체 가락의 장단이요, 리듬 아니 시 아니 침묵─침묵이 없이는 우주의 조화로운 소리가 존재하지 않기 때문에 — 이라는 것을 너희 인간들이 깨닫게 되리라는 희망을. 형제애와 그 아량과 그 아름다움이야말로 내가 너희들에게 간절히 바라는 것이다…….

주는 것. 무엇을 주는지, 누구에게 주는지 그것은 중요하지 않다. 주는 일 그 자체가 중요하다. 많이 주면 줄수록 더 많은 것을 얻게 된다. 동화 속에 나오는 요술 가방처럼. 곁에 아무도 없다면 물건들과 동물들과 땅과 공기와 함께 나누어라. 누군가 당신에게 고맙다는 말을 해 주기를 기다리지 말라. 당신이 모두에게 고맙다고 말하라.

간혹 사랑을 받는 일보다 주는 일이 더 쉬울 때도 있다.

누군가 날 좋아할지, 사랑을 받을 수 있을지 자문할 필요가 없다. 먼저 당신이 사랑할 수 있는지를 스스로에게 물어보라. 관대하게 대하고 칭찬해 마지않고 자신이 궁핍에 처할 수도 있는지 물어보라. 사랑은 그래야 비로소 존재한다. 사랑하고, 주고, 그것만이 진실이다. 사랑받는다는 것은 하나의 결과일 뿐이다.

어진 사랑은 모든 것을 붙이는 접착제요, 행동과 생각을, 하늘과 땅을, 신과 우리를 이어주는 다리다. 열심을 다해 사랑하라. 어느 것이 나의 길인지, 지금 가는 길이 정확한 길인지 더 이상 묻지 말라. 사랑하고 원하는 일을 하라. 사랑은 법의 완성이요, 삶의 규범이요, 모든 문제의 해결책이며, 고결해지는 단 하나의 길이다. 사랑은 고결하다. 터무니

없는 사랑이 요구할 때는 엄격하며, 자신의 의지가 아니라 삶과 죽음을 주관하는 신의 의지대로 행동한다.

　오직 고통만이 사랑을 정화시키며 아무 대가 없이 그 일을 한다. 이 기적인 사랑은 불태워버려라. 고통 없이는 구원도 없다. 사랑과 기호, 사랑과 감성, 사랑과 감상을 구분하라. 사랑할 때는 계산하지 말고, 사랑이 아닌 다른 보상은 바라지 말라.

　어쩌면 연옥은 사랑해보지 않은 것을 사랑하려 하지만 할 수 없는 상태를 말하는지도 모른다.

　고통 없이는 결코 고결해질 수 없다. 사랑하는 이의 가슴은 사랑받는 이의 모든 것과 공유하고 싶어 한다. 사랑하는 이에게는 그것이 전부다. 그에게는 우리가 희생하도록 요구할 권리가 있다. 자신에게 몸을 맡긴 영혼에 전념하기 때문이다.

> 한밤중에 달이 붉어질 때
> 멀리서 들려오는 사랑의 음악이
> 나를 채우리라.
> 한밤중에 모든 사물이
> 내 안에 가득 차며
> 방금 핀 꽃들은 시들고
> 사랑이 내 입술까지

내 눈동자까지 올라오리라.

그러면 말은 쓸데없이

풍경들을 섞고

별들에게 추억을 이름을

붙여 주리라.

내 손목에 묶인 새처럼

오직 나만이 나의 추억이며

작열하는 열정이라.

나의 친밀한 적이여

당신을 찾고

당신을 만나지 못하는 것이 사랑이라.

영혼이 아무도 모르는 그 시간에

가랑비에 젖은 채 온다면

아, 누이여 눈동자의 영혼은

성벽 위에 서서

마지막 도움의 손길이 다가오는 것을 지켜보리라.

어쩌면 눈을 감고

내 것이 아닌 것을 포기해야만

평화가 올지도 모르니.

공기를 위한 공기처럼

어쩌면 진정한 장미는

평범한 아무 장미인지도 모른다.
그러는 동안 연인들은
다정한 이별을 반복하고
서로를 그리워하리라.
오직 나만이 날카로운 가시를
사랑하는 고통을
즐겁게 죽을 수 있는 언약을
만나지 못하는가.

너는 나와 함께 있지만
나는 혼자서 가리라.
아주 은밀한 곳에는
너의 이름만을 부르며
너의 입으로 먹는 내가 있으리라.
더없이 순결한 펠리컨
내 폭풍의 물총새.
하지만 손을 뻗으면 너를 잃게 되리니
보고 싶어 한다면 보지 못하리.
너는 너의 왕국에서 매일 오후에
내 안부를 묻고 나를 부르지.
거기서 네가 찾는 사람은 내가 아니지만 그러나
너는 바로 나.
나의 보물 상자, 나의 포기

너를 향한 열망

매일 먹는 빵

내 살과 뼈보다 더 소중한 내 살과 뼈이니.

모든 것이 묶여 있지만 너는 나를

네가 사는 아찔한 침묵으로

내 집의 내밀한 곳으로, 숨겨진 방으로

질질 끌고 가리라.

그곳에서 왕관을 쓴 너는 나를 기다리고

해 중의 해요, 정원 중의 정원인 너

연인들이 스스로를 잊어버리는 몸짓으로

나를 옭아매리라.

나는 신을 두려워하지 않는다. 두려워할 필요가 없다. 내가 그를 사랑했기 때문에, 지금도 성심껏 사랑하기 때문에 두려워하지 않는 것이 아니다. 그가 나를 충분히 사랑하기 때문에 두려워하지 않는다.

그는 사랑이 의무가 아니라는 것을 알고 있다. 사랑은 주는 것이다. 그는 현자와 강한 자들이 아니라 보잘것없고 약한 자들을 위해 존재한다.

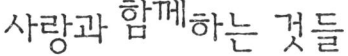

사랑과 함께하는 것들

사랑은 우리의 골수와 뼈를 빼가고, 가장 깊은 곳을 침략한다.
그리고 끝을 내는 순간 우리 자신마저 빼앗아간다.
사랑을 주는 대가로 무언가를 기대하지 말라. 바라지 말고 공짜로 사랑을 주어라.
장난감도 사탕도 아닌 그저 전부를 원하는 아이들처럼 사랑하라.
그리고 삶마저 순순히 잃어버릴 각오로 사랑해야 한다.
하지만 그래서 우리가 존재하는 것은 아니다. 우리는 살아남기 위해 존재한다.

모험

 사랑하는 사람이 자기 자신을 위해서 무엇을 방어할 수 있을까? 사랑은 우리를 따라올 수 없다. 숨을 헐떡거린다. 장식을 바꾸지 않기 위해 우리는 불가능한 일을 한다. 그러고는 우리 자신이 옮겨가 버린다. 우리는 사랑의 타성을 맹목적으로 신뢰한다. 마치 시간이 보증수표나 되는 양, 사랑이 지속된 시간이 마치 사랑을 보호해주는 양, 속 내용이야 어떻든 겉만 확고부동하고 변하지 않으면 사랑과 모험이 두드러질 수 있다는 듯이. 사랑의 축제가 하느님과 같지 않다는 듯이 말이다. 신은 먹는 분이 아니라 먹을 것을 내어주는 분인 것을.

 사랑은 영원한 체한다. 그렇게 흉내를 내는 동안만 지속된다. 모험은 아예 그런 척을 하지 않는다. 사랑은 관대하다. 모험은 욕심이 많고 목이 마르다. 처음에는 몽땅 잃는다. 두 번째는 잃지 않고 이긴다.

모험은 사랑과 정반대다. 어떤 외적인 환경 때문이 아니라 모험의 본질 때문이다. 모험은 성급하게 사랑과 비슷한 그러나 사랑이 아닌 어떤 감정을 쥐어짜서 이용하려고 한다. 사랑은 너그럽고 모험은 전혀 너그럽지 않다. 그러나 모험은 아주 오랜 세월 지속될 수 있지만 사랑은 그렇지 않다.

사랑은 감정이며 모험은 누군가 스스로 기쁘고자 혹은 다른 이를 기쁘게 하고자 만들어낸 모조품이다.

모험을 할 때는 아무것도 드러나지 않는다. 사랑을 할 때는 드러난다. 모험을 할 때는 결코 상처를 받지 않는다. 모험은 훨씬 더 피상적이다.

모험은 파괴하고, 사랑은 풍요롭게 한다. 상대방과 합의하여 즐겁고 피상적인 관점에서 시작한다면 모험은 즐거운 일이 될 수도 있다. 하지만 장기적으로는 사랑의 감정을 속이고 모험에만 빠지게 만든다.

나는 하룻밤의 사랑을 얻고 싶지 않다. 모험도 원하지 않는다. 모험은 갈증을 해소시키지 않고 오히려 더 부추긴다. 이 순간 나는 사랑으로 돌아갈 테지만, 조금 특별한 방법으로 돌아가려고 한다. 세상의 주변에서 고립된 채 거품처럼 떠다니는 남자와 여자들. 제일 먼저 의자 두 개와 커피 잔 두 개를 사는 남녀들이 내게는 가장 어리석어 보인다. 물론 이해도 된다. 사랑이라면 모든 것을 이해할 수 있다. 하지만 난 그런 이들을 별로 좋아하지 않는다.

사랑하는 사람과 함께라면 공동의 설계, '나'와 '너'만도 아니고 '우리'만도 아닌, '우리'가 '그들'을 품는 그런 공동의 설계가 필요하지 않을까. 나는 훨씬 더 큰 사랑만을 말할 수 있다. 지금까지 나는 예행연습만을 했다. 어찌 보면 엉터리다.

키스

나는 어떤 책에서 '키스'란 '입을 맞추는 행위', '입술을 부드럽게 오므렸다 폈다 하면서 입술로 무언가를 건드리는 행위'라고 쓴 글을 읽은 적이 있다. 이 정도면 성욕을 자극하는 심각한 오염이 아닌가? 이 정의가 함축하고 있는 그 호흡, 그 헐떡거림, 그 동작은 음란하기 그지없다. 아무래도 사랑의 키스를 언급하고 있는 것 같지 않다. 하지만 그런 키스는 얼마든지 있다. 예컨대 서양 문화에서 키스는 본능적이다. (어떤 나라에서는 얼굴에 세 번 키스를 하고, 다른 나라에서는 두 번째 키스를 할 때는 입술에 하고, 세 번째는 살짝 대기만 한다.) 대부분의 경우에 키스는 인사이며 무덤덤한 의식이다. 여자들과 키스할 때는 뺨에 립스틱이 묻을까 봐 많은 사람이 허공에 대고 한다. 하지만 키스는 기쁨에 못 이겨 고개를 드는 꽃, 대담한 꽃향기와 기쁨을 발산한다.

어느 경우라도 키스는 아름답다. 어린아이가 입을 삐죽거리듯 남자와 여자들이 입술을 내밀고, 살짝 '쪽' 소리를 내면서 입술을 떼는 모습은 무척 예쁘다. 악수도 좋지만 악수는 왠지 무장해제를 확인하는 듯한 인상을 준다. 나는 키스를 더 선호한다. 갈리시아가 고향인 여자 친구는 내게 쓴 편지에서 어린 아이가 자발적으로 키스를 해주면 오래 살 징조라고 했다. 또 과거의 나쁜 기억을 씻어준다고 한다. 반면에 억지로 키스를 하면("이 분한테 뽀뽀해야지. 어서. 안 그러면 나쁜 아이야. 어서 해. 어서 하라니까!" 그러고는 통통한 뺨과 뽀뽀가 이어진다.) 불길한 징조다. 선물을 풀기도 전에 선물이 고마워서 하는 키스는 어처구니없는 거란다. 하지만 선물을 풀어본 다음 키스를 해준다면 선물이 새롭고도 확고한 연결고리가 되어준다고 한다. 또 저주의 키스도 있단다. 뒤에서 하는 키스. 이는 배신의 신호이며 이를 막을 뾰족한 수단은 없다. 유다의 키스 같은. 나는 저주의 키스가 있다는 사실을 믿지 않는다. 장미를 주는 그 속셈이 나쁘지, 장미가 무슨 죄란 말인가.

혀는 몸 전체의 일을 수행한다. 같은 결과가 나타나는 똑같은 동작을 한다. 키스는 혀의 진정한 재능으로 이루어진다. 이보다 더 명확한 것이 있을까.

사랑의 몸짓은 지나치게 강렬한 경우를 제외하고는 대개가 유혹적이다. 강렬하지 않을수록 더 인간적이라고 생각하는 사람 — 예를 들면 피에르 루이스 — 도 있다. 가령 레즈비언의 사랑에 관한 광고는 — 피에르 루이스에 따르면 — 애무와 키스의 격을 떨어뜨린다고 한다. 실제로 애무는 길고 아름다운 여행이다. 연인의 손과 연인의 다리 밑에서 사랑하는 육체의 차갑고 강한 뼈를 느낀다. 연인의 육체가 꽃부리처럼 천천히 작아졌다가 다시 펴진다. 하지만 키스는 이 주어진 영토 내에서 한 걸음 더 나아간다. 키스는 그 영토를 촉촉하게 적시고 비옥하고 풍만한 땅으로 만들며 부드럽고 당당한 흔적을 남긴다. 입술이 다가가는 순간, 강렬하게 몰두한다. 그리고 원래 목적지였던 그곳에서 대화를 나눈다. 피에르 루이스가 뭐라고 했건, 입술에 하는 키스는 어쨌든 삽입의 형태다. 지극히 개인적이다. 솔직히 말해 개인의 특성이 가장 많이 발휘되지 않는가.

문학이 키스를 못 견디게 탐나는 대상으로 만들지는 않는다. 문학은 현실에 뿌리를 내리지 못하면 한순간에 무너지는 사탕발림에 지나지 않는다. 그 어느 것으로도 대신할 수 없는 그의 입술에 반해 그토록 짧고 감칠맛 나는 시간을 조금이라도 더 늘리고 싶어지는 것은 문학 때문이 아니다. 말이 없어도 혀로 이해하고 서로 적응하고 휴식하고 흥분하며, 혀가 서로 엉기고, 미끄러지고, 곧 이어질 욕망을 추측하고, 앞으로 나서고, 잠들고, 기쁨에 취하는 키스 때문이다.

키스는 키스를 하고 싶은 사람이 아니라 아는 사람이 한다. 개중에는 우둔한 사람도 많고, 꼴불견도 많다. 들뜨고 흥분한 혀를 가지고 있으며, 소통 없이 단방에 끝내려 드는 사람들. 왜 그럴까? 사랑에서 키스는 전채 요리이기 때문일까? 그럴지도 모른다. 전채 요리가 너무 풍성하면 주 요리를 먹을 수 없는 달콤한 위험을 감수해야 하니까. 아니면 너무 흡족하고 배가 불러서 나머지 음식을 다 생략한 채 곧장 후식으로 갈 수도 있다(일명 절정이라고 한다). 나는 젊은 사람들이 후식부터 시작할까 봐 걱정이 된다. 급하게 먹을 때뿐만 아니라 대체로 말이다. 전채 요리와 수프와 생선과 고기 요리의 가치를 되돌려 놓으려면 어떻게 해야 할까? 키스는 치수를 재는 일이다. 그래서 필요하면 늘리고 줄일 수 있다. 이렇게 생각하지 않는 사람은 곧장 무덤으로 가시라.

키스의 달인은 서둘러 무미건조하게 키스를 하느니 차라리 키스를 하지 않는 편이 더 낫다고 생각한다. (아주 어리석은 인간들을 기록하는 기네스북에는 이삼 일 동안 키스를 했다는 기록이 올라 있다. 하지만 이것은 서두르지 않고 천천히 하는 키스와는 아무 상관이 없다. 마치 방금 핀 수선화와 공장에서 만든 플라스틱 조화를 구별하지 못하는 것과 같다. 속옷 가게의 쇼윈도처럼 썰렁하다. 외설일 뿐이다.)

키스는 약속을 절대 지키지 않는다.

내가 볼 때 영화에서 하는 키스는 지나치게 길고 너무 깊다.

애무

애무하기. 눈으로, 손으로, 입술로 애무하기. 애무는 끝이 없는 주제요, 총명한 사전이요, 견줄 수 없는 서법書法이다. 형제간에 접촉이 많았던 남자, 친구의 어깨에 기댄 친구, 익숙한 사람에게 키스하는 익숙한 사람. 서로 냄새를 맡는 개 두 마리 — 이건 더 생식적인 차원에서 — 다. 평화와 기쁨을 분출하고, 공격과 고독을 멈추고, 서로를 인정한다. 무방비 상태로 위축되어 있지만 함께 있다고 느끼면 기분이 좋다.

나는 사랑의 길을 가는 데 말로는 충분하지 않을 때 시선과 애무와 키스가 시작되는 것을 보았다.

애무보다 더 좋은 비누는 없다. 단 아무리 해묵은 상처라도 상처가 있어서는 안 된다.

> ……반짝반짝 빛나고 꼼꼼한
> 정교하게 다듬은 애무처럼.

손. 비결은 바로 손에 있다. 손이 표현하는 다른 사람의 이마, 목, 어깨, 팔, 허리……. 하지만 우리는 애무를 마사지로 격하시켰다. 혹시 누군가가 우리에게 다가와 참을 수 있는 한도까지 우리를 어루만져 주는 대가로 돈을 내는 것이 덜 부끄럽기 때문일까. 우리는 피부에 휩싸여 태어나고, 살갗의 보호를 받고 있다는 사실을 잊고 있다. 이 살갗의 배고픔과 갈증으로 우리는 괴로워하고 있지 않은가.

우리가 애무하는 손, 그 손으로 애무를 받는 작은 행복. 손가락으로 애무를 받는 작은 행복. 우리에게 약간의 불멸을 마시게 해주는 입술로 키스를 받는 작은 행복. 우리 몸보다 더 친밀한 영혼이 있는 육체에 의해 정복당하고 압도당하는 작은 행복. 어린 시절의 어느 풍경, 어떤 얼굴의 각 부분, 팔 혹은 다리가 접히는 동작들, 손가락이나 손바닥의 굳은 살. 주름들, 광채, 땀구멍을 대하듯 추억을 배우고 그 추억을 낭독하는 작은 행복. 이미 구원받은 사람에게도 구원이 필요하다면 나는 구원받았다는 확신을 갖는 작은 행복. 거친 하늘 밖에서 우리를 보는 순간, 구원받은 이의 뼈는 미칠 듯이 기뻐하며 기뻐하리라.

연인이 우리의 어깨를 잡거나 허리를 잡을 때 느끼는 소박한 행복. 그리고 그 행복은 우리를 소유하는 하나의 방식, 몰두하는 방식, 자유롭게 자유를 요구하고 자유로워지고자 하는 사람들 앞에서 우리를 선포하는 방식을 초월한다…….

　우리 형들은 엄격한 순서를 정해놓고 시계에 태엽을 감는 영광스러운 임무를 수행했다. 멀리 나가 공부하고 있던 형은 다른 형에게 대신 부탁을 했다. 나는 형들을 질투하지 않았다. 오히려 내 순서는 결코 오지 않으리라는 뜻 모를 감탄과 막연한 불안에 휩싸였다. 어느 날 미처 누가 손을 쓸 겨를도 없이 시계가 멈추었다. 그날은 목요일이었다. 나는 조금 늦게 집에 돌아왔다. 우리 각자의 시계는 중요하지 않았다. 거실에 있는 시계가 중요했다. 나는 혹시 내게 기회가 있을까 해서 뛰어갔다. 시계를 보기도 전에 먼저 적막이 느껴졌다. 아버지가 식탁에 혼자 앉아 나를 쳐다보셨다. 마치 나를 기다렸다는 듯이.
　"네가 태엽을 감아야겠다."
　"제가요?"
　"아니면 누가 해? 지금은 네가 해라."
　그 순간 시계처럼 내 심장도 멈추었다. 나는 아직 어린애라고 말하고 싶었다. 그토록 숭고하고 중요한 일을 어린애의 손에 맡기다니, 위험한 일이었다. 난 설명하고 싶었다……. 아버지는 시계 아래 있는 의자로 다가가셨다. 그러고는 나를 그 의자에 올려주셨다. 나는 내가 무슨 일을 하는지 의식하지 못한 채로 몽유병 환자처럼 꽁꽁 얼어붙은 동작으로 고리를 올리고 문을 열었다. 그러고는 시계추를 잡았다.
　"시침부터 넣으려고?"
　"먼저 몇 바퀴 돌리려고요. 태엽이 다 풀린 것 같아서요. 11시에 멈췄는데 지금은 10시잖아요."

"그게 좋겠구나."

나는 내 오른쪽 다리에 닿는 아버지의 손을 느꼈다. 그것은 내가 어린 시절 아버지한테 받은 마지막 애무였다. 내가 의자에서 내려왔고, 아버지와 나의 눈이 서로 마주쳤다. 우리는 아무 말도 하지 않았다. 말할 필요가 없었다. 아버지와 나는 남자 대 남자로 서로를 바라보았다.

어느 극장에서 오존 소독기를 설치하자 십칠 번 좌석에는 언제나 두 사람이 손을 잡고 앉아 있다.

극장은 첫사랑의 가벼운 스침을 시도할 수 있는 기회의 장소다. 설명할 길이 없이 심장에서 목까지 밀려오는 사랑의 스침. 비록 우리가 존재하지 않는 것은 아니지만, 그래도 누군가와 함께 사랑의 역사를 살아가는 기회 말이다. 그 역사 앞에서 어린애의 영혼은 끝없는 영고성쇠에 놀라고 압도당한 채 머물러 있다. 무고한 이웃의 동포로, 고통받는 자들의 동지로, 숭고한 생각을 깨달은 채로 머물러 있다.

질투

아마도 '질투 없는 사랑은 없다'라는 말은 이 세상 모든 언어로 표현되었을 것이다. 그러나 대개는 웬만하고 상식적인 표현이다. 사랑은 언제나 자기 자신만을 원하며, 공유하지 않고, 탐욕스러우며 독점하려 든다. 그렇다. 하지만 어느 선―더 심한 경우는 특정한 선도 없다―까지이며, 그 선을 넘으면 방향을 잃는다. 그때는 이미 이성도 이유도 근거도 없다. 질투를 느끼고 있는 사람에게 질투할 이유가 전혀 없다고 충고한다면 그처럼 생뚱맞은 일도 없다. 물론 질투할 이유는 없다. 질투할 이유가 없는데 질투를 할 때, 우리는 그것을 질투의 뿔이라고 부른다. 바로 거기서 그 열정이 전율한다. 황당무계하고 지극히 주관적이며 뜬구름을 잡는, 그러면서 차가운 칼날 같은 질투의 열정 말이다.

질투는 사랑하는 사람의 마음이 변할지도 모른다는 두려움이며, 열정이다. 고통, 수동적인 상태, 동요, 혼란스러운 애정, 다른 사람에 대한 눈에 띄는 편애, 애착이다.

사랑에 대한 거라면 질투는 기분 좋은 감정일 수 있다. 마치 사랑의 얼굴 앞에서 사랑을 어루만지는 사마귀 같다. 늘 불안해하고 두려워하고 전전긍긍한다. 사랑이 사라질 수도 있으며, 아침이 오면 십자가의 형벌을 줄 수도 있기 때문이다.

사랑에서 과거에 대한 질투는 돌이킬 수 없는 가장 큰 고통을 준다. 우리가 키스하는 입술에 키스했던 사람에 대한 질투. 마음속 깊은 곳에서 늘 신경을 거스르던 그 손의 주인에 대한 질투. 사랑받는 이가 사라져 이제 우리가 하는 말을 듣지 못한다면 그에 대한 추억은 어디로 가는가. 난생처음 마지못해 안겼던 그 목덜미는 누구의 것인가. 지금은 우리를 사로잡고 있지만 예전에는 누군가를 사로잡았던 그 모습에 운명처럼 새겨진 단단한 그 과거를 파괴할 수 있는 사람은 아무도 없다.

질투심이 없는 척, 질투를 안 하는 척할 수 있는 사람이 어디 있는가. 사랑을 전략과 전술을 갖춘 매일 매일의 싸움으로 간주해야 한다. 싸움을 잘하려면 약간의 냉정을 유지해야 하는데 그건 쉬운 일이 아니다. 질투의 격류에 휩싸여 정체성을 잃어버릴 때가 얼마나 많은가.

돌로 된 심장은 질투를 느낄 수가 없다. 확신은 질투로 인해 참을 수 없을 만큼 오락가락하는 그네를 물리친다. 씁쓸하기 그지없는 동요를,

도저히 참을 수 없는 망설임을 내친다.

질투는 자기 자신에 대한 불안이나 타인에 대한 불안에서 오지 않는다. 질투는 예고도 없이 곡식처럼 익는다. 나는 질투심 많고, 독점적이며, 소유욕이 강한 사람이다.

나는 질투의 공격을 받고 하마터면 죽을 뻔했다.

인간적인 모든 것을 이해하고 모든 것에 관심을 갖고 있는 내가 어떻게 열정적인 시뻘건 범죄 사건에 끌리지 않을 수 있겠는가? 생명을 주는 책임을 맡은 사랑이 죽음을 주는 이유는 질투 때문일까? 혹시 다른 이유가 있지 않을까? 그건 사는 데 필요한 것을 잃어버릴지도 모른다는 의심 때문이 아니라, 필요한 것을 박탈당했기 때문이다. 계속 박탈당한 탓이다. 사랑의 고통은 현재진행형이다. 영원한 순간이다. 열정적인 범죄는 결코 복수가 아니다. 아니 적어도 그렇게 볼 필요가 없다. 본능적인 몸짓일 뿐이다. 눈에 파리가 들어오지 못하도록 눈을 깜빡이듯 아니, 정당방위처럼 말이다. 종기를 짜서 없애고, 괴저병에 걸린 다리를 자르듯이 말이다. 고통의 소용돌이 속에서 원인을 제거하는 일보다 더 논리적이고 급한 것은 없다. 그 원인이 무엇이건 간에. 설사 죽음일지라도. 죽음은 사랑의 고통보다 훨씬 더 자연스러운 고통이다. 죽음은 구체적이고 증오스러운 부동不動의 사건이다. 그래서 울 수도 있다. 그런 만큼 점잖은 방법으로 죽을 수도 있다. (열정적인 범죄를 일으키는 데는 두 가지 원인이 있다지만 난 그것을 신뢰하지 않는다.

하나는 싸움을 살인으로 발전시키는 자기애이고, 다른 하나는 환멸을 복수로 발전시키는 정절이다. 이 두 가지는 슬픔 뒤에 온다. 그러나 냉철하게 행동하기 때문에 이미 슬픔을 느끼지 않는다.)

  감상적인(?) 배우자(?)에게 닷새에 한 번씩 죽는 여자는 단지 하늘에만 호소하는 것이 아니라 모든 시민에게 호소한다. 친밀하다고 죽음을 감출 수 있겠는가. 사랑이 살인의 구실은 될 수 없다.

> *사랑은 타오르는 불덩이에*
> *부채질을 하며*
> *은혜를 난도질 하고*
> *태양을 가리는*
> *질투쟁이가 아니라네.*

심장

심장이여, 온순한 철새여

벌써 비상할 시간이다

현재의 역사는 끝이 났으며

다른 역사는 하늘에 윤곽을 그리고 있으니.

고통을 느낄 시간이 있는가

다급하고도 덧없는 삶을 계속 살아라

네 여정의 목적지를 옮기고

내일의 두꺼운 베일을 찢어라.

더 반항적인 감정이

자연의 명령을 거역한다면

변덕스럽고 용감한 너, 올라가라.

너의 일은 일상적이고도 중요하니
해가 비추는 동안 너는 뜨겁게 타오르리라
삶이 계속되는 동안 너는 살아 있으리라.

처음 심장이 뛰는 일만큼 세상에서 중요한 것이 있을까?

오직 당신의 심장을 통해서만 분명하게 볼 수 있다. 나는 인간의 눈에는 가장 본질적인 부분이 보이지 않는다고 생각한다. 사랑도 마찬가지다. 사랑은 눈을 멀게 한다고 하지만, 사실이 아니다. 사랑은 그 누구보다 더 많이 본다. 그 사람의 사랑스러운 면을 본다. 다른 사람들은 뻔히 보이는 것도 못 보는데 말이다.

내 심장이 일으키고 있는 일에 대해 특별한 치료법이 없을까. (심장이 아니더라도.) 남자들은 단순화하는 데 선수다. 안 그래도 복잡한 심장에게 감정을 잔뜩 갖다 안긴다. 목이 따끔거리면서 눈이 뿌옇게 흐려지면 우리는 가슴이 아프다고 말한다. 늘 함께 있겠다는 약속과 우리 곁에 있었던 누군가가 떠나면, 우리는 가슴이 아프다고 말한다. 애무를 받아본 적이 없어 혹시 이끼가 끼지는 않았는지 손바닥을 들여다보면서 우리는 가슴이 아프다고 말한다. 미래에서 우리를 기다리는 사람이 아무도 없다는 이유로 용기를 내어 미래를 향해 나아갈 생각조차 하지 않을 때, 우리는 절망스럽다고 말한다. 사실 남자들은 모든 일을 복잡하게 만든다. 삶이 고리처럼 우리를 꿰려고 할 때 우리는 그제야 가슴이 하는 말에 귀를 기울인다. 우리는 매년 찾아오는 오월의 웃음에 감사하지 않는다. 우리와 공유하면서 세상을 바라보는 지나간 기쁨에 감사하지 않는다. 팔월의 어느 날 밤, 바닷가에서 시작된 행복과 매우 비슷한 어떤 감정을 추측하는 기쁨에 감사하지 않는다. 우리는 얼마나 무심한 사람들인가. 얼마나 무심한지…….

심장은 형광등이라 얼른 눈치 채지 못한다. 우리가 잠을 자면서 심장에 귀를 기울이지 않기 때문이다. 심장을 베개에 올려놓고 자지 않기 때문이다. 또 심장에 별로 신경을 쓰지 않고, 심장의 색깔을 과소평가하기 때문이다. 심장은 이따금 신중하게 우리가 어떤 사람인지를 알려주지만 우리는 그 말에 귀를 기울이지 않는다.

사랑이 우리를 버릴 때 우리는 사랑에게 모든 것을 다 주려고 한다. 가지 말라고, 제발 가지 말라고. 그렇지만 우리는 과연 심장이 우리 하숙생일 때 웃어주거나 했는가? 애정 어린 말이 꼭 필요했을 때 다정하게 말이라도 걸었는가? 뺨이나 가슴이나 허리를 어루만져주고, 따뜻한 마음을 보여준 적이 있는가? 인간의 심장이란 얼마나 어수선하고 고집불통인지 죽기 전까지는 절대 내색도 하지 않는다. 거짓과 진실 사이에, 진솔함과 가식 사이에, 끌어당기고 거절하는 사이에, 정복당한 윤리와 위선적인 윤리 사이에 얼마나 많은 모순이 있는가. 인간의 심장은 얼마나 쓴 과일인지, 얼마나 달콤한 과일인지 모른다.

시간과 공간에서 인간의 심장은 경계가 필요하다. 그에 맞는 시간과 공간을 찾아야 한다. 분명한 것은 심장은 사랑 때문에 지친다. 괴로움에도 지친다. 한 곳만 바라봐서 지친다. 성화聖火에 불을 붙이려는 쉴 새 없는 노력에도 지친다. 심장은 이제 운동선수가 아니다.

심장은 이성적일까? 심장의 수축과 이완은 시詩의 행간인가, 어떤 순간의 휴식인가?

심장이 이성理性도 모르는 이성을 가지고 있다는 것은 온 세상이 경험한 사실이다.

사랑은 면역력을 주지 않고 축적되는, 그래서 이미 복용한 양이 예전의 중독에 쌓여 죽음에 이르게 할 수도 있는 마약과 같다. 그렇다면 어째서 심장은 한 번 찢어지면 그런 채로 있는 걸까? 그 찢어진 심장을 감쪽같이 꿰매는 경이로운 바느질꾼들이 있지 않을까? 심장에서 실을 뽑아내 찢어진 상처를 거의 알아볼 수 없을 만큼 정교하게 감쪽같이 ― 절대로 전과 똑같은 심장이 될 수는 없지만 ― 거의 새것 같은 심장으로 복원해놓지 않을까? 그러니까 다시 찢어지기 좋은 상태로 말이다. 우리는 시간의 흐름 속에서 살아간다. 시간 안에서 살아간다. 우리는 순간을 살아야 한다. 순간만이 유일하게 영원하다. 영원은 시간을 초월해서 존재하기 때문이다. 우리는 허겁지겁 서두르고 욕구를 채우며 살아간다. 삶은 우연이며 모험이다. 그러므로 그냥 존재해야지 무엇이 되어서는 안 된다.

인간의 심장은 무엇이든 견딜 수 있다. 죽을 수도 있고 계속 살아 있을 수도 있다. 한 번도 살아보지 않고 죽을 수도 있다.

심장은 하프와 같다. 밖으로 나오고 싶어 안달하는 음악으로 가득 찬 악기. 누군가 다가와 그 하프를 연주한다……. 맹세컨대, 사랑하지 않는 사람은 내면에 들어 있는 그 음악을 결코 알지 못하리.

사랑에 빠진 심장은 귀먹은 개와 같다. 그래서 이제는 들리지 않지만, 가슴에 간직한 채 깊이 사색하며, 가슴속에 쌓아놓은 내밀한 소리를 듣는 것처럼 군다. 힘껏 소리를 지르면 눈을 동그랗게 뜬다. 자신의 소리와 다른 소리를 들었기 때문이다. 놀란 표정으로 주변을 둘러본다. 이제 막 잠에서 깨어나 아직 정신이 제대로 들지 않은 양. 그러고는 자신을 부른 그 느낌과는 영 다른 느낌으로 어깃어깃 다가온다. 늘 그렇듯 순종적이고 온순하고 초라한 모습으로. 늘 그렇듯 잘못 알아들은 채로.

심장, 아둔한 친구.

내 심장은 나를 잘 속이지 않는다. 주로 타협하는 편이다.

어떤 일을 하건 비록 심장과 상관없는 일일지라도, 먼저 심장부터 움직이게 해야 한다. 심장과 연결된 고리는 제일 나중에 끊어진다. 심장은 타성과 죽음과 맞서 싸우는 최고의 친구다. 타성과 죽음은 서로 다르지 않다. 비록 죽음은 단 한 번일지라도.

심장은 일을 하는 도구다.

심장은 결국 탐식 당하는 여정을 간다. 창조는 벌거벗는 과정을 완수하는 일이다. 가장 심오한 창조물은 사물을 더하지 않고 벗겨낸 것이다.

인간의 심장은 언제나 타인을 이해하게 된다.

다른 사람이 아는 것은 나도 알 수 있다. 그러나 심장─나머지 모든 것의 기원이자 오직 하나만 진정으로 소유할 수 있는─은 모두에게 하나씩만 주어진다.

입술이 미소 짓고 있는 동안에도 심장은 쉽사리 멈출 수 있다.

······ 심장은 단지 부르고 대답하는 한 마리 새다.

두려워하지 않는 인간의 심장은 거울과도 같다. 아무것도 붙잡지 않고, 아무것도 거부하지 않고, 모든 것을 받아들이지만 그렇다고 받아들인 것을 간직하지도 않는다.

심장은 떠난 사람에게 연연하지 않는다. 다시 올 사람이 중요할 뿐이다.

인간의 가장 어두운 밤부터, 사방을 적에게 포위당했다고 생각한 어리석은 인간이 살았던 그때부터 심장 박동과 맥박은 살아 있다는 가장 확실한 증표였다. 적들의 심장도 박동하기 시작한다. 친구들의 심장도 마찬가지다.

우리 심장은 시계와 많이 닮았다. 심장의 수축과 이완은 초침과도 같다. 시계에 시간이 있듯이 심장에도 시간이 있다.

심장은 어떻게 인간의 가장 좋은 것과 가장 나쁜 것을 갖게 되었을까. 사자의 심장, 하이에나의 심장. 단단하거나, 부드럽거나, 고결한 심장. 악한 심장, 선한 심장.

여자의 심장은 결코 늙지 않는다. 여신들은 나이를 먹지 않는다. 사랑받는다는 혹은 다시 사랑받을 수 있다는 희망을 잃어버릴 때, 삶은 조롱에 불과하다…….

유효 기간이 끝난 심장은 언제나 사랑하는 이에게 매달리고 졸라서 결국 사랑을 받아낸다.

심장의 주름만큼 다림질하기 어려운 주름이 또 있을까…….

심장은 하나의 역사다. 다 쓴 공책을 찢어버리듯 과거의 우리 모습을 찢어버릴 수는 없다.

밤나무에 밤이 주렁주렁 열리듯
내 심장에는 슬픔과 고통이 열린다.
나무는 꽃을 피우는 시간이 필요하지만
내 심장에는 일 년 내내 열매가 맺힌다.

거짓에 내린 뿌리에
가지가 자라고 또 자란다.
다만 놀랍고 두려울 뿐이다.
오래전 그 많은 새들이 그랬던 것처럼.

얼마나 풍요로운 햇살이 그 불순한 잎사귀를 비추는가
얼마나 많은 노래가 그 둥지에 수의를 입히는가
잘린 설익은 포도는 얼마나 달콤한가.

당신은 언제 사라진 날들을 생각하는가
내 심장은 금지된 과실이 내뱉는
쓰디쓴 맛에 질식한다.

육체

아직 태양이 떠 있다. 아직은
가무잡잡하고 건강미 넘치는
흥분한 육체가 있다.
아직 깨어 있는 여름은
자신의 왕국을 펼치고
오후의 무사한 냄새는 팔과 환호의
추억을 펼친다.

누군가 말했다.
"육체 같은 풍경은 없어
바다, 꽃, 나무는 애무를 찾아 벌어지는
부드럽고 젊은 육체보다 결코 더 아름답지 않아.

땅에서부터, 그래, 땅 아래에서
평온이 오지.
그러나 휴식을 취하며, 땅 위에서
송가頌歌처럼 벌거벗은 채
태양을 향해 몸을 뻗고
우리에게 미소 짓는 육체와 비교할 수 있는
풍경은 없어."

약속의 땅에 대한 예표豫表로 꿀과 젖이 솟구친다. 약속의 땅이 인간의 육체가 아니라면, 그럼 어디란 말인가?

이제 육체는 인간이며 사람이다. 그곳에 자리를 잡는다. 또 육체는 전달할 수단이 없고, 오직 우리가 얼마나 되는지만 선포한다. 육체는 적당히 깊은 관계의 주체, 좋아지거나 나빠질 수 있는 개체요, 삶과 죽음의 성궤요, 모든 언어를 말할 수 있는 존재다. 고양된 것이 아니라 불멸하는 영혼의 한 형태다. 울부짖음과 미소에서부터 사랑의 깊은 망상에 이르기까지, 눈꺼풀, 입, 겨드랑이, 사타구니의 잔주름에서부터 광대뼈, 넓적다리 혹은 엉덩이의 우아한 곡선에 이르기까지. 다시 신성해진 육체는 아름다움을 지탱하고 아름다움을 느끼는 존재다. 그 '대상의 완벽함'이며, '실제로 존재하는 것을 향해 눈을 들었을 때, 어느 신과 함께 우리의 영혼이 보았던 것에 대한 회상'이다.

육체는 인간의 요소일 뿐 아니라 인간 그 자체였다. 육체는 가장 진실한 표현이 나올 때까지는 아무 말도 하지 않는다. 제아무리 의사가 육체에 대해 알고 지혈을 하고 분석을 하고 해부를 할지라도, 눈이나 손뼈에 대해 제아무리 연구를 할지라도, 부드러운 시선이나 애무의 따스함을 관찰하지 않고는 가장 중요한 것을 알 수가 없다. 눈은 보는 데만 필요하고 손은 무언가를 잡는 데만 필요한 것이 아니다. 육체가 전달하고 싶은 친밀한 메시지를 드러낼 때, 그 육체는 바로 영혼이다. 가장 고통스러운 것을 전달하기 싫을 때도 마찬가지다.

육체는 곧 영혼이기 때문에 모든 육체는 자신을 사람처럼 여기며 대해주기를 요구해야 한다. 육체를 격렬한 사랑의 대상으로만 여기지 말라고 요구해야 한다. 듣고 싶은 음악이 없다는데 춤을 추라고 강요해서는 안 된다. 육체는 열지 않겠다고 거부할 수 있다. 열기 전에 감미롭고 타는 듯한 흥분을 기다린다. 질질 끄는 긴장감. 애매한 신음소리와 찡그린 얼굴. 인간이 가지고 있는 몸짓의 목록은 얼마나 빈약한가. 육체가 경계선을 침입한다. 신성하고 선천적인 의식을 관찰한다. 자연 또한 초자연적이며 그것에 반기를 들면 신성모독이다. 솜털, 땀구멍, 살결, 젖꼭지, 귓불, 목덜미, 손가락, 손톱 하나하나에는 망각과 기적이 머문다.

나는 육체가 무엇인지 알고 있으며 기쁨이 무엇인지도 안다. 기쁨이라고 육체의 기쁨만은 아니다. 기쁨에는 육체와 영혼의 교감이 분명하게 들어 있다. 육체에 어떻게 접근하는가? 육체를 당신이라고 부르면서? 우리가 바로 육체가 아닌가? 육체, 내 육체는 나이며, 그래서 내 육체에 말을 걸면 내게 말을 것과 같다. 그리고 육체이자 영혼인 나 자신에게 고마워한다. 오르고 커지며 넘치고 흐르며 마치 고통을 겪듯 신음을 토하게 만드는 기쁨에 고마워한다.

사람은 육체와 영혼, 이 두 가지의 복합체가 아니라 신비하고도 깊은 단일체이다. 영혼이 영혼과 정반대인 육체를 가지고 있는 것이 아니듯 육체 역시 순수하고 깨끗한 영혼이 지탱하고 일하고 경작하고 씨를 뿌려야 하는 휴경지가 아니다.

육체는 사원처럼 유서 깊은 영혼의 잔이다. 육체는 생명의 원천이지, 우리의 본능을 위한 수단이 아니다. 육체가 우리 자신이다. 비록 전부는 아니지만. 본능과 감정은 우리를 둘러싸고 있는 세상과 교류하면서 기쁨을 일으킨다. 그건 나쁜 일이 아니다. 사회가 나쁘다. 이 사회는 맛도 안 보고 게걸스럽게 먹어대는 대식가처럼 육감적인 쾌락에 너무나 굶주린 나머지 인간이 알고 있는 가장 육감적이지 않은 존재가 되었다.

완전하고 건강한 육체는 욕구를 충족시켜야 하는 곳이 아니라 사랑하고 입을 맞추고 쓰다듬어주어야 하는 곳이다. 이것이 육체가 언어로 표현하는 가장 자연스럽고 아름다운 방법이다.

아름다움 ― 존재 고유의 특징 혹은 오직 우리 자신만이 지배하는 정신적인 산물 ― 은 육체에 속하며, 이 육체를 통해 아로새기고 느낄 수 있다. 아무리 보편적이고 절대적일지라도, 아무리 변덕스럽고 영혼에 좌우될지라도 육체는 아름다움의 길이며 집이다.

사랑은 육체 ─ 혀와 시선 ─ 를 통해 표현되고 구체화된다. 사랑은 언제나 아름다운 것을 필요로 하는가? 아니면 그 이상을 보는가? "나는 입술이 달콤해서 그 아름다움을 사랑하는 게 아니다. 그 눈동자가 반짝여서도, 그 눈꺼풀이 부드러워서도 아니다. 손가락 사이로 나의 기쁨이 폭발해서도 희망과 잘 어울려서도 아니다. 내가 아름다운 것을 사랑하는 이유는 그 육체가 내게는 유일한 봄이기 때문이다. 아름다운 것을 바라보는 순간, 목에 촉촉한 물기가 배어나오고 동시에 도저히 해갈되지 않는 갈증을 느낀다고 다 사랑이 아니다. 단지 사랑하지 않을 수 없기 때문에 사랑한다." 그리고 미끼처럼 유혹하는 아름다움으로 인해 육체는 그의 부름에 응하고 대답하는 존재가 된다. 때로는 감정으로 때로는 섹스로.

사랑은 놀라움이다. 두 육체가 서로 달라서가 아니라 언제나 발견하도록 되어 있기 때문이다.

나는 오직 사랑만을 위해 존재했던 하늘색 내 눈동자를, 내 긴 손가락을, 내 손과 허리와 그리고 가슴을 사랑한다. 나는 내 열광과 놀라움을 사랑한다. 내 살의 뜨거움과 신선함을 사랑한다. 내 안에 있는 많은 것, 나를 살아 있게 하고 서 있게 하는 많은 것을 사랑한다. 그리고 더 이상 참을 수 없을 때 나는 내 육체에 남아 있는 것을 사랑하리라. 내

발과 목과 머리카락과 얼굴을 사랑하리라. 누군가 그것들을 아름답다고 했기 때문이다. 하지만 내가 그것들을 아름답게 여기기 때문에, 또 창조자에 의해 그럴듯하게 창조되고 진화되었기 때문에 사랑하는 것은 아니다. 단지 그것들이 내가 가진 전부이기 때문에 사랑한다. 아니 더 간단히 말하자면, 그 모두가 나이기 때문이다.

어느 한순간 잃어버렸다고 생각한 것을 되찾았을 때 완전한 창조가 다시 시작된다. 한 육체에 다시 머무르고, 익숙한 구석을 점유하고, 결코 다시는 가질 수 없을 거라고 생각했던 것을 손으로 만진다. 당신에게 속한 땅을 혀로 훑어 내려가며, 그토록 갖고 싶은 옆구리를 무릎으로 누르고, 다시금 정체성을 잃어버리고, 흐느껴 운다. 이처럼 찬란한 일이 또 있을까. 당신은 집으로 돌아왔고, 그 집의 주인이 되었으며, 그 집 주인은 당신의 주인이 되었다. 그리고 모든 것이 전처럼 되었고, 원래 모습으로 되돌아갔다.

사랑하는 사람의 몸 안으로 들어가고 또 그 사람의 몸이 들어오게 해주는 것보다 더 깊은 친밀감이 있을까? 지독하고, 관능적이며 그 무엇과도 비교할 수 없는 친밀감이 또 있을까? 그렇다면 이성적인 친밀감, 진실을 말하는 예의바른 친밀감은 왜 없는 걸까? 우리의 신체적인 결점, 숨 가쁜 생활, 가난을 잘 아는 사람에게 우리가 모자라는 점을 한 가지 더 고백한다고 해서 뭐가 달라지겠는가?

육체는 성취된 욕구와 또 어쩌면 성취되지 않은 욕구와 결코 성취할 수 없는 욕구의 흔적을 자신도 모르게 간직한다.

　사랑은 못 말리는 것이다. 그 식탁보 위에서 반짝이던 많은 추억으로 인해 육체의 기억은 오래도록 지워지지 않는다. 육체는 정신보다 기억력이 훨씬 좋다. 육체의 기억은 언제나 현재다. 그 쓰라린 상처, 흉터, 육체를 달뜨게 했던 냄새, 터질 듯한 환희. 그 무엇으로 이 맛을 대신하겠는가. 결코 다른 맛으로 대체할 수 없는 음식들이다.

　육체와 정신을 분리시켜서 정신을 빛과 지성의 원천으로 변화시킨다면, 그것이야말로 모든 것을 죽은 자연의 싸구려 술집으로 전락시키는 물질주의를 향한 첫 걸음이다. 우리가 우리 자신의 몸과 접촉이 부족할수록 우리 자신과 더 많이 분리되며, 그리하여 우리는 결국 조작할 수 있는 대상으로 전락한다.
　초자연의 세계는 자연의 세계와 마찬가지로 우리 자신의 심장에서 시작된다. 우리가 그토록 열망하는 완전함의 원천은 바로 우리 몸이다. 성적 친밀감은 가장 신성하고 완벽한 행위 가운데 하나를 실현할 수 있다. 자유로운 존재들은 그 친밀감 안에서 사랑을 통해 자신의 본질을 끌어올리고, 한계를 뛰어넘어 존재의 가장 깊은 층에 도달하게 된다. 이런 노력이 없이는 완벽한 인간이 될 수 없다. 가장 숭고한 지식은 이성이 아니라 정신과 육체로 구성된 의식을 통해 직접 얻는 지식이다.

　키스와 애무의 사다리가 없다면 정신적인 세계로 나아가는 어려운 계단을 어떻게 오르겠는가? 우리에게 사랑이 없다면 어떤 사랑으로 다른 사랑을 비교할 수 있겠는가? 육체에 잘못을 빌어야 하는 사람은 절대로 우쭐거리지 말라.

> 오늘 나는 내가 사랑했던
> 우아한 육체들을 떠올리지.
> 내가 소유했던 아름다운 선들을
> 그 섬세한 곳들을
> 긴 다리와 단단한 팔을
> 감동적인 매끄러운 몸매를.
> 그들은 내게 생명을
> 강렬한 기쁨과 고통을
> 존재가 존재에게 줄 수 있는
> 많은 것을 내게 주었지.
> 격렬한 꽃과 같은 온전한 사랑.
> 한순간도 후회하지 않으리
> 나 역시 나를 주었으니.
> 오늘 나는 과거에 가졌으나 지금 없는 것과
> 평안 가운데 오늘 가지고 있으나 과거에 가지지 못했던
> 많은 것들을 떠올리지.
> 내 안에 있던 그 육체들의
> 너그러움에, 열정에, 행운에, 희망에
> 감사하리.

그들로 인해 지금 내가 있으니
그들은 나에게 도달하는 길이었으니.
내 육체도 그들이 향해 가는 길에
도움이 되었을까.

무관심

12월 16일의 시

무관심의 날

너는 에메랄드 빛 길고 긴 밤
헐벗은 언덕들은 너의 무정함을 헤아리며
네게 길을 열어주었다.
차가운 바람에 푸른 가지가 잘려나가고
너는 진주의 동쪽을 굳게 만들고.
협죽도와 수선화가 필 때 불을 껐다.
색색의 지붕 위에도 네가 있으니
유괴범이 기절을 하고 춤이 사그라지니
그 우화를 끌어내리니

그 신비로운 기운에

바이올린이 쪼개지며

풍요의 광기가 갈라졌다.

너는 포근한 아침을 꿈꾸었던

그들까지 괴롭히고

석탄 침상을 하얗게 태우고

너의 이름을 대면

황옥에 피 한 방울 따르고

루비는 제 빛을 잃는다.

너는 한마디 말도 없이 사이프러스를

지상에서 뽑아냈으니

글라디올러스의 더없는 부드러움은

산산이 부서진다.

너는 흑요석으로 만든 날카로운 비수.

그 눈먼 자의 눈이

불안에 떨게 하고

연인의 가슴을 약탈해간다.

씁쓸하고 끔찍하다.

누가 키스에 재를 묻혔는지

사랑은 깨닫지 못하고

누가 등불을 쓰러뜨렸는지

접시를 산산조각 냈는지

부인들은 알지 못했다.
밤이 비명을 올린다.
너는 느닷없이 강물에 불을 붙이고
칼로 순종을 공격하고
비둘기를 찔러 죽이고
폐부를 찌르고 왕을 권좌에서 끌어내려
너의 어둠을 지배하라는
명령을 내린다.
너는 이유 없이 교살당한 자들에
눈을 시커멓게 만드는 진흙탕에
불쑥 찾아든 고통이자 불안.
음매 음매 울부짖으며
비단 같은 오후를 헤집는 들소
피 흘리는 아이.
너는 심장에 사나운 못을 찌른다
서늘한 살기 어린 못을.

사랑과 무관심은 횃불처럼 손에 손을 잡고 간다. 릴레이 경주의 바통처럼. 인생도 마찬가지다.

사랑은 시간을 가게 한다. 그리고 시간은 사랑을 가게 한다.

쇠파리는 사랑이 아니라 사랑의 욕망을 날조하는 불쾌한 곤충이다.

만족감도 주지 않고 욕망보다 앞서 가는 곤충. 이 녀석은 오직 죽음에만 있는 최후의 확신을 갈망한다. 그 쇠파리는 왜 고집스럽게 나를 에워싸는 걸까. 녀석은 오직 나를 괴멸하고 나의 옛 영광이었던 사랑 안에서만 내가 만족한다는 증거를 가지고 있다. 내게 휴식을 허용하지 않으며 자고 일어나면 다시 부풀어 오른 물집처럼, 마실수록 갈증만 더하는 음료수처럼 새로 태어나는 그 사랑 안에서만 내가 만족한다는 증거를 가지고 있다. 심장과 쇠파리는 영원히 불만족하라는 법칙을 내게 전수하려 들고, 이 불만족은 궁핍과 허무 위에서 자꾸만 고개를 든다. 나는 야맘과 하나가 되었다고, 운명에 굴복했다고 생각했다. 지금은 그것이 우리 두 사람의 운명이 아니라, 단지 내 운명이었다는 사실을 깨닫는다. 나는 결코 야맘의 운명이 아니었다······. 그 사람은 나를 통해 자신을 사랑하고 내게서 자신을 찾았다. 나는 그 사람을 통해 나를 사랑하지 않고 내 자신을 통해 야맘을 사랑했다. 그리고 나는 야맘을 비추었기 때문에—지금도 비추고 있다—여전히 내 자신을 존중하며 살고 있다.

그 사람은 왜 무관심했을까? 나는 더 이상 묻지 않는다. 그런데도 그 대답은 아주 쉽다. 그 사람은 내게 몰두한 적이 없었다. 내 육체와 정신에 몰입하지 않았다. 아니, 어느 정도는 그랬을지도 모른다. 하지만 그는 자신의 현실을 팽개쳐가며 내 현실 속으로 뛰어들지는 않았다. 그는 내가 이미 내가 아닐 때에도 여전히 그 자신이었다. 누구에게 책임이 있을까? 상대에게 자신을 비추는 힘이 부족하면 사랑하는 이는 원하는 대답을 듣지 못한다. 그 상대는 그에게 타인일 뿐이다. 야맘이 내게 무심했던 이유는 자신의 존재를 고스란히 보존하려고 해서만이 아니라 내가 그를 독점하려고 거인이 어린아이를 위협하듯 그에게 겁을 주었기 때문인지도 모른다.

  그 무엇도 갑자기 오지 않는다. 그것은 분명하다. 아니 적어도 우리가 특정한 방식으로 정의하는 그 실체를 따라잡는 것은 세상에 없다. 가령 한 남자나 전쟁 혹은 사랑이 다듬어지고 있다. 하지만 완성하기도 전에 무너지기 시작한다. 사실 죽음―어떤 상태나 행위가 아니라 하나의 목표로 간주되는―은 태어나는 순간부터 아주 조금씩 이루어지고 있다. 인간은 태어나는 순간부터 소멸하기 시작한다. 그리고 전쟁은 선포되는 순간 이미 평화의 길로 접어든다. 사랑이 지속되는 시간은 한순간일 뿐이다. 그러고는 무관심의 길로 접어든다. 사랑하는 이는 다른 길을 가기 위해 출발점으로 돌아간다. 방금 전까지는 즐겁기만 했던 일들이 이제 싫증이 난다. 후루룩거리며 국물을 떠먹는 모습, 흰 다리, 생뚱맞고 주책없이 깔깔대고 웃는 소리가 신경에 거슬린다. 시체와 평화와 무관심이 느닷없이 찾아왔다고 생각하지 말라. 오랜 여정 끝에 당도했다. 누군가에게는 해체되는 것들이 다른 사람에게는 새롭게 시작된다. 이렇게 해서 우리가 생명이라고 부르며 남발하는 그 힘의 환상적인 균형이 만들어진다.

  무관심은 사랑과 동시에 시작된다. 사랑이 이루어지는 과정과 같은 운명을 타고난다. 어느 날 탐스러운 열매 속에서 애벌레가 자라듯, 어느 날 불성실한 태도, 변덕, 부정한 행동, 이기적인 마음이 사랑 안에서 태어나고 자란다.

사랑은 고갈된다. 무례함과 잦은 억지와 지루한 얼굴과 사랑 그 자체와 부적절한 질투 덕분에……. 사랑은 소진된다. 사랑하는 이에게 갑자기 사랑 대신 삶을 달라고 요구한다. 그는 매일 한 방울씩 삶을 주어야 한다. 포기하면서, 거부하면서 말이다. 희생이라고 생색내기에는 좀 부족하지만 사랑을 유지하는 데는 도움이 된다.

삶이 사랑을 변하게 만든다. 삶은 사랑을 쓰고 윤을 내고 하얗게 만든다. 자갈처럼. 그러고는 흐르는 물속에 던진다.

사랑의 가장 무서운 적은 무엇일까? 증오는 아니다. 아마도 무관심이 아닐지. 우리는 무관심의 시대에 살고 있다. 무관심이 만연한 지옥의 변방에, 그 차가운 냉장고 속에 살고 있다. 모든 것이 사랑에 싸움을 건다. 전부 다. 교회도, 국가도, 의무도, 직업도, 일도, 시간도, 응급실도, 도시도……. 모두 전쟁을 하려고 달려든다. 하지만 그것들을 이겨내고 승리해야만 사랑은 더 강해지고 결코 정복당하지 않는다.

한때 사랑했던 사람을 증오하는 것은 그 사람을 무척 사랑했기 때문이다. 나는 증오할 수가 없는 사람이다. 증오는 방향을 잃은 열정이다. 증오와 질투는 인간이 심장에 머무르게 하는 가장 나쁜 열정이라고 생각한다. 질투는 질투를 당하는 사람이 아니라 질투하는 사람을 소진시키며, 증오는 스스로를 무기력하게 만든다.

완전한 사랑은 속임수, 함정, 정탐, 간통의 길을 걸으면서 상상할 수 없는 고통과 굴욕으로 변할 수 있다. 아니면 손익계산을 따지는 긍정적인 냉담으로 변할 수 있다. 그래서 손실이라고 판단되면 그런 손해를 보는 계약은 파기하라고 충고한다.

실망한 일을 모두 잊어버렸다고 착각하는 동안 실망이 쌓여 우리를 절망하게 한다. 절망을 향해 눈을 질끈 감고 있는 동안 절망이 쌓여 우리를 지치게 한다. 이 세상을 어깨에 메고 가느라 우리는 또 초죽음이 된다. 그러면서도 이 세상의 허망함을 모르는 체한다.

역사는 늘 격동의 시간과 격분하는 일들을 통해 동반자에게 상처를 주고 추락시키고 해를 입히려고 한다. 그를 동정하지 않으며, 그로 하여금 후회하도록 부추기고 싶어 한다. 예상된 사악함을 그대로 드러내고 싶어 한다. 그리고 불행한 예언을 실행에 옮겨 사랑을 파괴하는 지진과 그 해답 없는 결과에 무척 흡족해한다. 다만 우리의 선한 심성을 모욕하기 위해 어느 정도까지는 아량을 베푼다. 이익이 될 만한지 가늠하기 위해 얼굴을 비벼대고 쓰다듬는다. 언젠가 우리에게 소곤거렸던 달짝지근한 말들을 기억한다. 금고를 몰래 열어 돈을 몽땅 훔치는 도둑처럼 말이다. 상대방의 애정을 필사적으로 벽을 타고 올라가 그곳을 점령하는 덩굴손으로 간주한다……. 사랑이 식었다는 혐오스러운 증거만큼 사랑하는 이에게 잔인한 진실은 없다. 무관심은 결코 사악해지지 않는다.

역사는 이 모든 것을 대수롭지 않게 여기며, 마음에도 없는 화해를 시도하고 또 쫓아다니면서 이 배신이 난무한 싸움을 이끌고 싶어 한다. 결국 화해하려는 좋은 의도를 믿지도 않을 거면서 억지로 상대방에게 화해하라고 종용한다. 그리고 또 다른 열정적이며 역시 거짓된 화해를 다시 하려고 한다⋯⋯. 사랑은 끝없이 반복되며 동시에 반복될 수 없다. 역사는 모든 조각, 매일, 매 시간, 시시포스의 고된 여정들 다나이데스의 구멍 뚫린 항아리에 물을 붓는 형벌, 프로메테우스의 간을 쪼는 독수리의 부리, 탄탈로스의 영원한 굶주림과 갈증, 익시온의 활활 타는 수레바퀴다.

고통은 우리가 누릴 수 있는 사치다. 하지만 어떤 때는 상상력이 부족해서 또 어떤 때는 두려움에 현혹되어 그 고통의 길로 한 발 더 나아가지 못한다. 우리 앞에는 황량하거나 수목이 빽빽하게 우거진 혹은 텅 빈 풍경이 펼쳐진다. 우리가 사랑한 혹은 혐오스러워한, 어쨌든 우리의 일면이기도 했던 연인들의 다채로운 모습들이. 무심코 지나간 그 모습들이. 고통이라는 지혜의 길을 걷지 않으면 도무지 알 수가 없는 우리 자신의 수많은 모습들이. 어스레한 밤의 빛 아래 앉은 새처럼, 알라딘이 지닌 고통의 램프와 그 부드러운 불빛이 비추어야 둥지에서 나오는, 결코 우리 앞에 모습을 드러내지 않는 우리 영혼의 수많은 반응과 보물과 조각들이. 이는 마치 서둘러 가느라 사랑하는 사람의 지혜와 그 영토에 도달하지 못하는 사랑과도 같다.

고통도 사랑처럼 찬란하다.

어째서 우리는 모든 사랑이 행운을, 사랑스러운 여름과 겨울을 옆구리에 끼고 올 거라고 생각하는가? 비록 새롭게 사랑을 시작할 때마다 그 기대가 줄어들기는 하지만 말이다. 반대로 사랑이 끝나면 어째서 예전의 불행이 다시 천천히 피를 흘리듯 사랑의 슬픔이 이전의 슬픔에 더해 두 배, 세 배로 늘어나는가? 내게도 이런 일이 일어났다. 혹시 나는 고통과 기쁨 앞에서 비겁하지 않았나? 기쁨은 마지막 한 방울 남은 고통까지 상쇄한다. 하지만 기쁨이 전부 사그라지기도 전에 슬픔이 다시 고개를 든다. 현실에서는 그 어느 것도 완전히 사라지지 않는다. 다만 우리가 고통에서 도망치거나 고통을 안으로 삭이거나 아니면 고통이 휘두르는 발굽에 채이지 않으려고 뒤로 물러설 뿐이다. 삶의 절반은 고통이다. 고통을 끊어버리는 것은 열정을 포기하고, 겪어보지도 않은 일 앞에서 두려워 떠는 것과 같다. 열정을 포기하고 싸움에서 이기기를 포기하는 것이다. 격렬한 싸움이 없이는―나는 그것이 무엇인지 안다. 나는 그 싸움의 심판, 증인 그리고 일부였다―승리도 없다. 갈증이 무엇인지 알게 하려고 물을 주는 사람, 사랑을 받기 위해 사랑을 주는 사람은 절대로 이기지 못한다.

  세상에서 가장 중요한 이치는 진심으로 붙잡고 늘어지면 찾게 되고, 진심을 고백하면 잃어버린다는 사실을 몸으로 느끼고 눈으로 확인하며 깨달아야 한다.

  혼자 있는 자가 느끼는 고독이 최악은 아니다. 그에게는 아직 희망이 남아 있다. 그러나 어울리지 않는 사람과 함께 있는 자의 고독에는 절망만이 남는다. 이미 우리 것인 사람을 정복할 수는 없다. 우리를 살갑게 대하고 애정을 베푸는 사람을 정복할 수는 없다. 그 애정은 우리가 요구하는 만큼의 사랑이 아니다. 사랑은 바로 욕구이며, 쾌락은 분명히 이 욕구가 만들어낸 고통을 줄여준다. 그러나 욕구가 충족되지 않고 오히려 늘어나면 고통 역시 사그라지기는커녕 더 기세등등해져 결국 견딜 수 없는 지경에 이른다. 물을 마실수록 더 갈증을 느끼게 된다. 이 물은 독이 된다. 모든 일이 허무해진다.

오늘 나는 시간이 흐른다는 확신도 우리가 그 시간 속에서 어리석게 움직이고 있지 않다는 확신도 없다. 어쩌면 그렇게 생각하는 편이 나을지도 모른다.

아무리 기억일 뿐이라 해도 그 기억으로 돌아가 고통과 즐거움을 다시 느끼려고 하면 한 번도 존재한 적이 없다는 듯이 완전히 사라져버리는 시간들이 있다. 현재를 사는 동안에는 그것을 느끼지 못한다. 눈을 바싹 들이밀고 보면 얼굴 전체를 볼 수 없듯이. 다만 멀리서는 보이지 않는 주름살이나, 눈동자의 색깔 혹은 가짜 눈썹이나 입술의 부드러운 곡선을 볼 뿐이다. 하지만 이것이 얼굴이다. 현재는 과거가 되고, 우리는 과거에서 멀어져야 과거를 이해한다. 그때가 되면 과거는 이미 존재하지 않는다. 아련한 기억의 출처일 뿐. 이미 죽은 것을 되살리려는 헛된 노력일 뿐. (어쩌면 과거는 우리가 자기를 불러주는 순간에 우리도 죽었으리라는 희망을 품고 죽었는지 모른다.) 어쩌면 죽음은 흘러간 모든 날들, 이제는 흘러갈 수 없는 과거의 날들, 양탄자의 실처럼 한 올 한 올 정교하게 짠 지나간 날들이 모여서 생긴 기나긴 오늘 하루인지도 모른다. 오늘 귀를 기울이면 아주 멀리서, 과거로부터, 이미 오래전에 죽은, 오늘과는 완전히 다른 시간과 부호, 다른 삶에서 부르는 노랫소리가 들린다. 우리 노래도 그 노래와 다를 바가 없다. 우리 모두는 한때 지금보다 더 나았으므로. 더 행복하고 더 훌륭했으므로. 물론 노래는 멈춘다. 우리 기억 속의 모든 노래는 멈춘다.

사랑이 신용불량자처럼 위장 파산을 하면 너무 단단한 뼈로 변해 갉아먹을 수가 없다.

오늘 내가 사랑을 깨닫는 순간, 사랑은 끝이 난다. 그리고 그 사랑을 따라 그토록 많은 거짓말도 가버린다. (이럴 때 우리는 가슴이 아프다고 말한다.) 이것은 만고의 진리다. 전부를 얻든지 전부를 잃는다. 사랑에는 연민도, 경건도, 부드러움도 없다. 이것은 부수적인 감정일 뿐이다.

사랑은 실패하지 않는다. 다만 이 사랑이냐 저 사랑이냐 하는 문제만 있을 뿐.

사랑과 환멸은 반복된다. 이름과 역사는 반복된다. 목소리와 그 이름을 부르는 목소리의 떨림은 반복된다. 사랑하는 이는 사랑을 할 때마다 자신의 사랑으로 이 세상을 열 수 있다고 믿는다. 하지만 그렇지 않다. 그럴 수 없다. 우리는 뒷면을 볼 수 없는 카펫을 짜고 있다. 그 카펫을 짜기 위해 실을 엮고, 매듭을 짓고, 모양을 만든다. 죽음은 모험이 끝나는 지점이다. 사랑은 비명을 억누르기에도 충분하지 않다.

> 사랑은 곁에서 타는 냄새를 풍기는
> 담배와 같아서
> 불이 꺼지면 내던지기 더 좋다.
> 누구도 꺼진 담배에 다시 불을 붙일 수 없다.

사랑이 우리를 눈멀게 하고 취할 때 우리는 그 뒤에서 슬픔과 온전히 마주해야 한다. 그것도 모자라 우리가 의식을 하건 하지 않건 우리는 죽어야만 한다.

이름을 구하지 말라. 이름을 벌주지 말라. 삶을 파괴하지 않겠다는 우리의 결정도 아무 소용이 없다. 삶에 의해 버림받은 사람은 죽는다.

죽음은 혹시 우리 눈에 보이지 않는 불치병일까. 어쩌면 그 병에서 치유되더라도 다시 똑같은 병에 걸릴지도 모른다. 어째서 죽음만이 영원히 죽지 않을까? 사랑이 시들해지고 멀어질 때마다 우리는 가장 준엄한 마침표처럼 또 가장 완벽한 휴식처럼 얼마나 자주 죽음에 호소하는가. 우리가 사랑하는 사람이 죽으면 우리는 그 사람을 이 세상에서 떠나보내야 할 뿐만 아니라 우리 안에서 그 사람을 죽여야 한다. 그렇게 하지 않으면 그는 그 어느 때보다 우리 안에서 더 생생하게 살아간다. 틈도 없이 도망칠 겨를도 없이 온전히 우리에게만 속한다. 사진처럼 고정된다.

삶의 몸짓을 고치지 말아야 하며 갑작스러운—겉으로만 그렇게 보이는—마음의 결정을 바꾸지 말아야 한다. 이에 비하면 우리의 죽음과 무관심은 하찮은 사건에 불과하다. 세상은 가라앉지 않는다. 우리는 여전히 면도를 하고, 밥을 먹고, 글을 쓴다. 약간만 노력하면 문제가 없다. 하지만 우리는 여전히 면도—누구를 위해서?—를 한다. 억지로 글을 쓰며 입으로 꾸역꾸역 음식을 밀어 넣는다. 그리고 다른 생각에 빠진 채로 별 의미가 없는 모임에 참석한다. 우리가 그곳에 없고, 닫힌 문 앞에서 어리둥절해하고 있다는 것을 감쪽같이 숨긴 채 회의에 참석한다. 이 세상은 가라앉지 않는다. 세상은 가라앉는 물건이 아니다. 나의 연로하신 이모님은, 당장 죽어도 여한은 없지만 당신이 죽을 때 이 세상도 함께 죽으면 좋겠다고 말씀하신다. 얼마나 너그러운 분이신가. 실제로 이런 일은 일어난다. 나는 문이 닫혀도 이 세상이 계속 돌아가고 있는지를 확인하기 위해 불에 손을 넣지는 않는다.

어쩌면 고통이 우리를 죽일 때만 진정한 고통으로 거듭나는지 모른다. 그리고 사랑은 우리를 죽일 때만 진정한 사랑인지도 모른다.

> *사랑은 내 뼈 깊숙이 못을 박았지, 부인들.*
> *죔쇠로 단단히 고정시켰지, 결박.*
> *얼마나 오래 어둠속에 있었는지 알고 있으니*
> *사랑은 더 이상 내게 자비롭지 않네.*
>
> *사랑이 미소 짓고 바라보는 잠든 장미를 이야기할*
> *너그러운 목소리가 내게는 없네.*

사랑은 다가와 승리했고
나를 찌르는 사랑을 느꼈지
잃어버린 영광에 피를 흘리며.

여기에 사랑은 있는가? 어쩌면
이 열렬한 감옥이 사랑이며
나의 꿀을 쓰디쓰게 만들고
나의 곡식을 갈기갈기 흩어놓는
영원히 타오르는 이 불이 사랑인가?

사랑은 무고하게 전율을 일으키는 풋사랑도
장님도 아니라네.
장님은 바로 우리들
사랑을 적이라고 부르는 바로 우리들.

새로운 사랑마다 각기 다른 곳을 공격한다. 나는 공격을 받지 않았는데도 벌써 흉터가 있다. 내가 사랑의 공격을 미리 예측할 수 있다면 재미있지 않을까? 마치 새로운 사랑에게 내 약점이 어디에 있는지 귀띔해주는 것과 같겠지?

사랑은 무관심보다 더 힘들고 비용이 더 많이 든다. 무관심은 허무로 끝나고, 사랑은 무관심으로 끝난다.

오늘 나는 사랑하는 도시로 돌아간다.
언젠가 신들이 나를 질투했던 곳.
나로 인해 빛났던 그 높은 탑들이
이제는 황폐한 곳.

아무리 기억을 더듬어도 아무것도 없다.
광장, 거리, 골목길은 지워지고
미르츠스와 엉겅퀴가 나를 속이고
석류의 심장이 나를 기만했다.

어떻게 그렇게 빨리 조용해질 수 있었는가.
맑은 물이 졸졸 흐르는 소리와 편안한 둥지
높직한 나무의 노래와 푸르른 미풍이.

어디서 그 소리와 사랑 속임수 웃음소리
종소리를 잃어버릴 수 있었는가.

사랑이 깨질 때, 사랑은 칼날을 세우고 우리를 난도질하여 피를 철철 흘리게 한다.

사랑하는 이는
이해할 수 없는 사랑의 말을 하고
희망의 싹을 보호하는 동안에도

매 시간 거부한다.
사랑이 탐욕스러운 정체를 드러내기 전에
논쟁 가운데 연꽃을 짜낸다.
모든 것에서 언제나
태어날 생각을 한다.
하지만 진실을 아는 대기 속에
어떤 미소가 있으니
지나가는 건 시간이 아니라
사랑하는 사람일 뿐.
그 표현이 지속되는 순간에만
약속이 지속된다.
우리는 사랑의 주인이 아니며
황홀경은 과일처럼 씹을 수가 없다.
사랑하는 이는 자신에게 돌아가고
그의 고독한 여행에서 치명적인 모퉁이를 되찾는다.
그의 풍요를 훔치려고 왔던 멸시받는 침입자는
그를 놀라게 하고
얼마 전에 저항했던 손을 미워한다.

우리는 사랑의 주인이 아니며
우리는 사랑할 수 있는 것만을 사랑한다.
죽음과 사랑은 선택할 수 없으므로
고독의 격류가 다시 콸콸 흐른다.

하지만 키스로 죽음을 몰아내려 하고
키스를 하는 사이
죽음의 시선이 우리를 향해 날아온다.
무관심한 우리를 향해.

사랑하는 이는
사랑받는 이의 숨겨진 울타리로
들어가려 한다
자신에게서 벗어나 자신을 잊기 위해서.
다른 고독을 찾지만
만나지 못한다.
고독은 육체와 애무로 변장한 사막에서
자신의 슬픔을 끌어올리는
사랑이다.
그 어느 것도 이 다른 적에게서
우리를 해방시킬 수 없다.
다만 불길이 우리를 향해 손짓하며 타오르는
화려한 죽음만이
우리를 다시 평온하게 한다.
그리고 영원한 사랑의 약속은
침묵 속으로 가라앉는다.
죽음, 그 고요함은
흥분한 모험을 멈추게 한다.

아니 사랑하는 사람의 몽유병을 멈추게 한다.
죽음, 그의 초는
두 팔의 열기에 녹지 않는다.

주인도 없이 영원히 펄럭이는 표어처럼, 이름표를 붙인 사랑이 이 세상에 얼마나 많을까. 그 사랑의 소유권은 벌써 소멸되었는데…….

사랑은 그 끝에서 사람을 발기발기 찢어놓는다. 하지만 거기서 끝나지 않는다. 사랑의 끝은 한없는 설계, 새로운 세상, 새롭게 비추는 빛이다. 죽음은 꼼짝없이 끝난다. 우리는 망연자실한다. 사랑은 단지 사랑이 아니라 온 세상이다. 그래서 사랑이 끝나면 그 세상은 비틀거리고 절망하고 불신한다. 단지 다른 사랑을 할 뿐 삶도 살아가면서 믿음을 갖는 것도 모두 불가능해진다.

사랑이 끝난 뒤에 오는 또 다른 고통. 언젠가는 사랑을 잊어버린다는 사실을 우리는 알고 있다. 얼마나 우리 자신을 잃어버리는 일인가, 얼마나 허무한 일인가, 얼마나 큰 상실인가. 어떻게 다시 살아가지? 무엇을 위해? 무엇을 위해 이전의 죽음과 똑같은 역사를 반복하는가? 내가 겁을 먹고 있나? 나는 겁을 먹고 있다. 얼마나 잊었는가, 얼마나 잊었는가……. 또 잊기 위해 다른 것들도 잊어야 한다. 우리 자신과 과거의 모습, 함께 읽었던 책들, 함께 들었던 노래들도 모두 잊어야 한다. 다시금 홀로 저녁노을과 재스민 향기와 딸기 맛 — 후각도 미각도 모두 상실한 사람처럼 — 을 상상해야 한다. 투명한 토파즈와 찌르레기 울음

소리와 골짜기의 어둠과 조가비의 깊이와 백합의 아련한 감촉을 다시 상상해야 한다. 희망을 빼앗긴 어린애처럼 혼자서 말이다.

이따금 영혼이 우리를 향해 내려와 떨어진다. 그런데 우리는 허리를 굽혀 그것을 주울 만큼 의욕이 없다. 다만 죽음을 먹여 살리는 데 필요한 만큼만 삶을 살아간다.

> 오늘 옛 불꽃의 황혼에서
> 마지막 추억이 불타오른다.
> 알아들을 수 없는 목소리가
> 이해할 수 없는 말로 경고하고는
> 우리를 죽인다.
> 그러는 동안 빛은 죽어서 희미한 채로
> 자신의 은신처로 돌아온다.
> 아직 손이 있으니 무엇을 할까?
> 다시 여명을 기다릴까
> 아니면 달이 떠서
> 다시 환상에서 깨어나기를 기다릴까
> 오늘 비가 내리는 도시는
> 꽉 움켜쥔 손 같다.
> 어제는 아카시아 나무 아래서
> 추억이 다시 푸르렀다.
> 그리고 그 그늘 아래서 입술이

*우리에게 주었던 입맞춤이
우리를 포옹한다.
영혼을 잊은
풍경을 누가 여는가······.
허공에는 향기를 잃어버린
꽃들이 무성하고
오월이 시들어가고
모든 것은 이미 칼날이다.*

*심장, 우리에게 상처를 준
우리에게 상처를 준······
우리에게는 줄 것이 받을 것이 빼앗길 것이
하나도 없는데.
그토록 많은 사랑의 말을 들었건만
지금 희망은 귀를 막고
오늘의 끝에서 추억이 불타오른다.
그리고 마지막 말이 들려온다.*

나는 내 안에서 어떤 문이 닫히는 소리를 들었다. 아니, 홀딱 반했던 그 생생한 기억이 떠오르지 않는다. 그날 밤 일이 기억나지 않는다. 숨을 멈추게 했던 그 행복도, 완벽한 탐닉(언제 완벽하게 탐닉한 적이 있었나?)의 기쁨도. 다만 거짓과 빛바랜 고뇌와 죽음만이 생각난다. 마치 사랑 대신 재앙과 불행이 잔뜩 쌓인 창고 같다.

당신은 사랑을 책갈피에 집어넣고 외친다. "나는 자유다." 정신과 의사를 찾아가는 대신 소설을 쓴다. 그 소설의 한 쪽 한 쪽에는 불행이 가득 찬 슬픔이 서린다.

어느 날 우리가 사랑하게 되어 우리와 함께 사는 사람들이 있다. 그들은 날마다 우리에게 차 한 잔을 건네주고, 잘 자라고 인사하며 깃에 묻은 먼지를 털어준다. 하지만 어느 날 그들은 우리가 사랑한 그 사람이 아니다. 아니 우리가 이미 예전의 우리가 아니다. 우리의 눈동자도 그들의 눈동자도 예전의 것이 아니다. 그들은 이제 우리를 떨쳐낸 과거의 사람들이다. 어느 순간 우리도 이미 우리가 아니다.

간혹 재회는 우리를 흥분하게 한다. 우리는 예전의 그 푸른 골목에서 그에게 다가간다. 예전처럼 걷고, 예전처럼 바라보며, 예전처럼 느끼려고 애를 쓴다. 그러나 소용없다. 이미 우리는 우리가 아니다. 과거의 우리가 아니다. 설상가상으로 우리는 함께한 과거를 서로 다른 방식으로 읽고 있다. 다시 말하자면 우리는 예전에도 우리가 아니었다. 과거는 우리를 거부한다. 재회는 없다. 우리는 아무것도 공유할 수 없다. 오늘뿐만 아니라 어제도 그랬다. 그러고는 서로에게 헌신했던 것을 가지고 가버린다. 처음과는 달리 너덜너덜하고 바랬더라도. 마치 누군가 거절한 선물을 들고 가듯.

사랑이 지속되는 동안 그 사랑은 영원하다. 이것은 사랑을 시작하고 공유하고 즐겼던 연인들과 이 세상의 고백이다. 사랑이 떠나면 우리는 다른 사람이 된다. 다른 방식으로 세상을 바라보고, 다른 방식으로 읽던 책을 덮고, 음악을 듣고, 죽음을 기다린다. 사랑이 떠날 때 우리는 새롭게 죽음을 맞는다. 과거의 우리, 우리였던 연인들은 사랑을 겪은 뒤 슬프고 단단한 그곳, 망각이 살고 있는 그곳으로 간다.

> *사랑은 갔다가 돌아오는*
> *부자로 갔다가 가난해져서 돌아오는*
> *원주민.*
> *그러나 사랑이 있었던 곳에*
> *망각은 있을 자리가 없으니…….*

사랑은 우리의 골수와 뼈를 빼가고, 가장 깊은 곳을 침략한다. 그리고 끝을 내는 순간 우리 자신마저 빼앗아간다. 사랑을 주는 대가로 무언가를 기대하지 말라. 바라지 말고 공짜로 사랑을 주어라. 장난감도 사탕도 아닌 그저 전부를 원하는 아이들처럼 사랑하라. 그리고 삶마저 순순히 잃어버릴 각오로 사랑해야 한다. 하지만 그래서 우리가 존재하는 것은 아니다. 우리는 살아남기 위해 존재한다.

사랑에는 언제나 주인과 노예가 있다. 그리고 사랑이 현실을 뒤죽박죽 섞어놓으면 실패는 더 빨리 찾아온다. 물론 지금은 삶이 이도 저도 아니고, 내 삶도 다른 사람의 삶도 아닌 뭉텅이일 뿐이지만 저마다 이런 삶에 대응해야 한다. 그래야 삶을 헤쳐 나갈 수 있다. 그러나 내 눈은 사랑만을 위해 존재했다. 내 눈은 내면을 향해 고정되어서 나 자신의 상처를 통해서만 숨을 쉰다. 그리고 그 왕국에 사는 나의 분신은 내게서 눈을 떼지 못한다. 나쁜 사랑이건 좋은 사랑이건 일단 사랑에 빠지면 누구나 사랑과 술을 마시고 희롱을 하고 난도질을 당하며 이따금 같이 살면서 예기치 않게 웃기도 한다. 그러니 쳐다볼 수밖에.

삶은 우리를 등에 태우고 가는 호랑이다. 비틀거리다가 떨어지기라도 하면 호랑이가 우리를 잡아먹는다. 우리는 투우사를 태우는 말이다. 그 말은 먼저 누군가를 태워야 한다. 주인도 아니고 전에 만난 적도 없는 사람을. 그러고 나면 투우가 그 말을 들이받는다. 삶은 언제나 비극으로 끝나는 역사다······. 적어도 우리가 사랑하는 사람과 함께 끝을 낼 수 있을 만큼 우리가 자유롭다면 얼마나 좋을까.

> *빼앗긴 음악 소리가 들려오고*
> *그 소리는 빗줄기처럼 흩어졌다가 희미해지니*
> *외로운 통곡을*
> *엇갈린 사랑을*
> *위협과 포기를*
> *취기와 도전을 말하리라.*
> *그리고 그칠 수 없는 통곡과*
> *젖은 상처를*
> *곱씹고 곱씹고······.*
> *한 여자가 무심했다고 해서*
> *순수한 청년이 그토록 울었겠는가.*

대부분의 사람에게는 불가능한 사랑이 있다. 아니 있어야 한다.

> 땅이 갈라지다니
> 찾아다니고, 또 찾아다니고.
> 사랑은 그 어느 것도 해결하지 않으니
> 완벽하게 충분하게
> 사랑할 수 없기 때문이니라.
> 별은 돌고 사랑은 얻지 못하고 몰아내니
> 땅은 다른 손에게 애원을 하리라.

그 누구에게도 다른 사람의 이상을 충족시켜야 할 이유가 없다. 이상적인 사랑은 가장 악랄한 적이다. 언제나 타인들에게 상처를 주기 때문이다.

사랑은 장님이 아니다. 절대 아니다. 사랑이 우리를 장님으로 만들 뿐이다. 사랑은 우리를 허공으로 들어 올리는 요술사다……. 하늘을 나는 양탄자, 혼자 돌아가는 끈, 우리가 혼자 매달려 있는 지팡이다.

모든 사랑은 속인다. 진실을 말할 때까지 속인다. 신뢰를 사지 않기 위해 진실을 말한다. 사랑에 의식적인 진실은 없다. 연인들은 거짓말을 하지만 스스로 속기도 한다. 혼란스러운 체하다가 스스로 혼란에 빠진다. 사랑에서 진실은 그 자신보다 더 섬세하고, 더 간접적이고, 더 먼 다른 길을 걸어간다. 어쩌면 사랑은 속이기 위해 태어나는지도 모른다. 그러나 섹스는 자연스럽고, 분명하며, 신중하지 않다. 섹스는 거짓말을 할 줄 모른다. 그러면 돈 때문에 혹은 사랑 때문에 오르가슴을 느끼는 척하는 여자들은? 아니 모두가 속이는 걸까? 아마도······.

충실함에는 돈이 들지 않는다. 사람은 자기 자신에게 주어진 것을 가지며, 그것을 즐기고, 소유하고, 쓰다듬고, 포옹한다. 곁눈질하지 않는다. 그것에 온전히 빠져든다. 사랑은 완전해지기를 원한다. 그런데 왜 부정을 저지를까? 부정한 일이 시작되면 사랑은 내리막길로 향한다. 우리 생각이 미치기도 전에 시작되는 내리막길. 우리는 이렇게 말한다. 밤사이에 사랑이 끝났다고. 아니다. 훨씬 전에 끝을 향해 치닫고 있었다. 거친 말 한마디, 무례한 행동, 침묵, 이유 없는 긴장, 사소한 거짓말 때문에. 불행은 화려하고 뜨겁게 등장하기 전에 긴 여행길에 오른다.

사랑에 속아서 나는 불쾌하다. 정말 기분이 나쁘다. 모든 결과와 함께 밝혀야 하는 진실이 그것으로 인해 은폐되었기 때문이다. 진실을 다시 살려내야 한다. 그러지 않으면 우리는 우리가 아니며 더 이상 우리 자신으로 남을 수 없다. 남자와 여자는 은밀하고 이상한 방법으로 번식하기 시작하며, 우리는 우리 자신을 속이기 시작한다. 그러면 사랑은 파멸을 향해 간다.

사랑에서 배신은 절대로 용서받지 못한다.

손을 뻗어 당신을 만졌지, 당신을.

당신의 경계를 어루만졌지

당신이 끝나는 보드라운 그곳.

오직 나만을 위해 존재하는 공기와 다정함.

당신은 말할 수 없는 곳에 정주하는

해독할 수 없는 바다

붙잡을 수 없는 희미한 빛.

당신은 수정과 향기로부터 도망쳐

허공을 오갔지.

내면에서는 당신이 당신의 주인.

나는 언제나처럼 문지방 밖에 있다가

바깥에 갇힌 죄수가 되었지.

자유가

당신 생각에 생채기를 냈다면

당신 시선의 문지방을 옮기고

당신이 되고 당신으로 돌아가고

한 송이 꽃처럼 피는 것

어린 시절 그 본능을 들이마시고 탐식하는 것.

연기와 돌을 흔해 빠진 것으로 만들고

존재의 명령을 잊어버리고 들어가고

한 사람이 다른 사람에게로

마지막 한계를 옮기고

서로 만나고……

당신에게 손을 내밀어 당신을 만졌지.
당신이 불빛과 볏단을 바라보자
당신은 불빛이고 볏단이었지.
이 세상처럼 단호한 당신의 완벽함
애무는 소용없었지, 칼도 뜨거운 조수도.
당신은 그곳에서 혼자서
미소를 지으며 홀로 영원하리.
그리고 나는 영원히 혼자서 웃지
당신에게 쓸모없는 약속을 요구하면서
촛불의 약속을.
모든 것이 우리 편에 있다지만
무엇이 진정 우리 편인가
우리 자신이라 부르는 양심인가, 촉각인가?

어느 목소리가 거리에서 이름을 부르면
다른 사람이 대답을 하지.
두 손이 서로 악수를 하고
입술이 자리를 찾아가고
몸이 제자리로 돌아가고
전형적이 사월도 지나가지.
그것이 사랑이었나?
고독은 대답을 망설이고
고집하고, 전율하고, 갈망하고

부서지고…….
내민 손에서 성급하게 흩어지는
거리의 목소리…… 아, 냄새
무無를 위한 무대.
나는 당신의 눈동자를 바라보고
나는 당신의 눈동자를 바라보고
당신은 내 것, 이것이 사랑인가?
우리는 머무르고 머무르고
냉담하지 않게 서로 다르게.
우리, 나와 당신 두 사람
강변에서 단 둘이 오갈 데 없이
성벽처럼 일어선 살갗
당신과 나, 단 둘이
이미 기력도 없이 희망도 없이.
모든 것이 다 똑같은데
사랑만이 왜 다를까
비단 같은 슬픔이
안개처럼 우리를 감싸면
그것만이 유일한 끈.
그곳은 우리가 만나는 조국.
순박한 절망 속에서
마침내 내 뼈로 당신을 확인하지.
우리는 여기에 있고

두 사람은 색이 바랜 채로

지워진 채로 더 어렵게 있지.

존재하지 않는 찰나…… 이것이 사랑인가?

혹시 사랑은 그렇게 존재하는 것을

존재하지 않는다고 말하는 걸까?

살기 위해 열광하는 걸까?

모든 피를 쏟아낸 내가

이미 달라진 당신 안에서 꼼짝하지 않으니

추억이 다시 시작되고

쓸데없는 요구가 다시 시작되고

손을 내밀어 당신을 어루만지지.

동성애

'게이 파워'의 터무니없는 왕위를 받은 록 스타 데이빗 보위에 관한 기사를 어느 일간지에서 읽었다. "이 경우 '게이'라는 단어는 스페인어로 옮기기가 어렵다." 혹 상황을 옮겨야 한다면 정말 어렵겠지만 '게이'라는 단어를 옮기는 것은 별로 어렵지 않다. 게이는 영국과 미국에서 동성애를 가리키는 익숙한 표현이다. 형용사로 '즐겁다'는 뜻이기도 하다.

두 사람의 등이 서로 붙어 하나가 되었으나 신의 저주로 분리되어 늘 다른 한쪽을 찾아다니는 존재의 세 가지 형태—남성, 여성 그리고 남녀 양성—에 관한 플라톤의 이론. (이런 여자와 남자는 같은 성을 가진 두 사람으로 다시 한 몸이 되기를 갈망한다. 이것이 동성애다.)

동성애가 유전이냐 아니냐를 가리다니 차라리 파란 눈동자가 유전이냐 아니냐를 가려라. 파란 눈을 가진 사람도 있고 그렇지 않은 사람도 있지 않은가. 유전이든 교육이든 그게 무슨 대수인가? 인간은 자아를 가진 존재이며 자신이 속한 환경에 영향을 받는다. 그렇다면 자아란 무엇인가? 유전자는 무엇인가? 나는 나에 대해 생각할 때 어떤 경우에도 절대로 내 유전자를 염두에 두지 않는다. 지금 이 순간의 나만을 생각한다. "천성은 제2의 습관일 뿐이며 습관은 제2의 천성이다"라고 한 파스칼의 말처럼 환경이 그런 방식으로 나와 합쳐져 하나가 되기 때문이다. 어떤 유전자를 가졌는지는 내게 중요하지 않으며, 유전자에 따라 결과가 다르게 나타난다고 생각하지 않는다. 그렇다면 생물학적 근거가 있다는 말은 무슨 뜻일까? 어떤 경우에도 심리적인 억압은 부당하기 때문이다. 내 생각에는 그냥 배짱대로 밀어붙이는 것이 최선이다. "이것 보시오, 이건 생물학적인 게 아니라, 내 생식기에서 나오는 것이오"라고 말이다. 본성에 어긋난다고? 교황의 본성에 어긋날지는 몰라도 내 본성에 어긋나지는 않는다. 나는 그것이 지극히 정상이라고 생각한다.

난생 처음 뉴욕에 갔을 때 나는 두 청년의 결혼식에 참석한 적이 있다. 그러니까 한 청년이 다른 청년과 결혼을 했다. 모든 것이 다 편안했고, 교회의 대표들도 많이 참석했다. 그들은 우리에게 카네이션을 나누어주었다. 눈물겹고 또 아주 재미있는 결혼식이었다. 식장 입구에는 현수막이 걸려 있었는데, 이렇게 적혀 있었다. "어째서 두 개의 성性인가? 어째서 양성兩性인가?" 다시 말해 다성(多性, polysexuality)을, 살아가는 경이로운 기쁨을 주장하고 있는 것이다. 각자 나름대로 원하는 대로 남에게 불편을 주지 않는 범위 내에서 받아들여야 하는 것 말이다. 나머지는 일시적이고 지나가는 교훈일 뿐이다. 인간과 기쁨에 대한 욕구와 우리가 추구하는 행복만이 지나가지 않는다.

학대에 맞선 용감한 반응에서 모든 것이 나온다. 용감하면서 몹시 슬픈 반응. 동성애인 남자는 스스로 여성화되면서 학대에 맞선다. 동성애 여자는 스스로 남성화된다. 예전에는 습관에 의한 동성애, 환경에 의한 동성애가 있었다. 그리스, 로마, 아랍 국가들에 이런 동성애가 있었으나 지금은 없다. 요즘은 이성異性 역할을 하는 동성애, 타의에 의한 동성애, 개개인의 기호에 맞춘 동성애, 선천적인 동성애 등 이루 헤아릴 수 없이 많다.

나는 이런 분류가 마음에 들지 않는다. 많은 동성애자가 저마다 독특한 방식으로 배타적인 행동을 하는 것은 바로 이런 분류 때문이다. 마치 윤리적인 게토(Ghetto, 원래 중세 유럽에서 강제로 격리당한 유대인들이 모여 사는 구역을 의미했다-옮긴이), 풍습과 관습의 게토에서 살기라도 하는 것처럼 말이다. 원래 신념과 의지가 불안정하고, 변덕스럽고, 순진하면서도 부정不貞한 남자들은 여자들처럼 약하면서 동시에 과격하다고 한다. 그다지 이지적이지 않은 남자들은 영리하고 재치 있으며 매혹적으로 보인다. 또 좋게 말해 변덕스럽고 감상적이며, 잘 속이고 잘 속으며, 어제 큰소리쳤던 것을 오늘 잘 잊어버리는 장점을 가지고 있다. 처음 만나도 원래 아는 사람 같은 인상을 준다. 우리 모두는 이런 사람을 만난 적이 있다. 이들은 모순투성이다. 덜컥 믿기도 잘하지만 의심도 많으며, 다정하나 심술궂고, 빈정대기 좋아하나 감정이 풍부하다. 겉만 보면 편한 사람들이다. 다 잘 통하고, 누구와도 금세 친해지며, 한번 만나면 또 보고 싶은 사람들이다. 그들이 거짓말을 하면, 싱긋 웃으며 그냥 넘어간다. 무언가 탐나는 것이 있으면 반드시 공짜로 얻고야 만다. 워낙 허풍이 심해서 생각지도 않게 남을 감동시킨다. 칭찬을 할 때나 업신여길 때나 과장은 기본으로 한다. 금세 예찬해 마지않다가 조금만 뜸해도 증오로 타오른다. 쓰다듬거나 업신여긴다. 아니, 쓰다듬으면서 동시에 업신여긴다. 늘 애정이 깊은 우정으로 인해 흥분한다. 어떤 예술 작품을 보고 열광하다가 닷새 후에는 그 사실을 기억하지 못한다. 무슨 일이건 시작한 일에는 열성적인 애호가처럼 매달린다. 여자들과의 관계는 형제처럼 우애적이다. 애지중지하다가 속을 터놓는 사이가 된다. 여자가 바람을 피우면 같이 울다가 용서한다. 그러고는 곧장 신파극을 연출한다. 그녀 없이는 살 수 없으니까. 욕을 퍼붓다가 키스를 한다. 잡아먹을 듯 몰아붙이다가 이내 애교를 부린다. 그들은 용감하며 비겁한 남자들이다. 명예를 믿으면서도 구역질이 나는 추행도 마다하지 않는다. 순간적인 제안에 순순히 따르며—키에르케고르는 이것을 나쁜 교육이라고 했다—바람개비처럼 순식간에 방향이 바뀌는 배짱에 따라 움직인다. 덜렁대고 거칠다는 비난은 그들에게 최악의 비난이다. 아니 가장 부당한 비난일지도 모른다.

이미 정해진 성性은 오락의 영역을 지나갔다. 레즈비언이나 게이는 이미 오명도 아니고 병도, 범죄도 아니다. 그리고 이 세 가지 가능성, 즉 이성異性과 두 개의 동성同性에 가장 중요하고도 엄청난 도전은 바로 양성兩性이다!! 이성과 동성 모두에게 마음이 끌리는 양성은 더하면 더했지 결코 덜하지 않는다. 경험과 가능성과 쾌락을 더 많이 추구한다. 물론 용기를 내야 한다. 신은 대담한 자들을 도우니까. 그리고 대담함은 아방가르드, 즉 선두 주자들의 일부가 된다. 젊은 문화에서 양성은 광고를 통해, 모든 형태의 유행과 유니섹스를 통해, 광고의 우상으로 전락한 벌거벗은 남자들을 통해, 비디오를 통해 정착했다.

난 다른 남자에게 욕정을 품어본 적이 없는 남자는 단 한 사람도 없다고 생각한다. 여자 역시 다른 여자에게 욕정을 품어본 적이 없는 사람은 없을 것이다. 잘 생각해본 다음에도 그걸 부인하는 사람은 손바닥으로 하늘을 가려라.

모든 연인 관계는 문서가 아니라 사랑을 기반으로 해야 한다.

그때 나는 두 가지를 배웠다. 하나는 육체적인 관계를 포함해서 남자를 사랑하는 것이 여자를 사랑하는 것보다 더 강해야 하고 더 용감해야 하고, 훨씬 더 어려우며 물불을 가리지 않을 만큼 폭력적이라는 사실이다. 두 번째 내 심장은 타성에 젖어 있어서 한 가지에 정착하면 계속 그것만을 고집한다는 점이다. 그래서 다른 사람에 대한 무관심이 보라색 국화꽃처럼 피면, 사랑하는 이보다 더 많은 사랑을 받은 나는 사랑하는 이처럼 행동하면서 재속에 묻힌 불을 불어 불꽃을 피운다. 그러는 동안 헤어진 연인은 고개를 돌려 나를 외면하고, 오직 그 사람의 몸만이 내 곁에 남는다.

부부

부부는 파기 가능한 계약서라서 맑은 정신으로 냉정하게 서명해야 한다.

부부는 공중위생과 보호 규정이다.

부부가 되는 일은 불시에 일어나는 사건이다. 부부는 사회가 충격을 줄이기 위해 또 태어난 아이들을 오랫동안 보호하기 위해 만들어낸 제도다.

부부 관계는 눈이 핑핑 돌만큼 어지러운 제도다. 서로 다른 조건, 다른 성격, 다른 연령, 다른 교육, 여기까지도 모자라 서로 다른 성性을 가진 두 사람이 부부라는 틀 안에서 하나가 된다.

나는 어떻게 부부가 되는지 또 왜 되는지 잘 모른다. 몇 년 전 내가 지금보다 조금 더 젊었을 때, 청년들은 같이 감자튀김을 먹고, 몇 리터인지는 모르지만 아무튼 함께 맥주를 마신 다음, 애인 관계가 오래 지속되면 결혼을 했다. 어느 정도는 그런 이유 때문에 결혼을 했다. 아니면 가슴에 장미를 품고 있어서 그랬는지 모른다. 부부는 층이 여러 개인 집이다. 성을 위한 층이 하나 있고, 그 다음에 유치원, 대학, 상점, 병원처럼 꾸민 층들이 있다. 장례 행렬을 위한 층까지 있어야 한다. 그리고 그 집은 두 사람이 만들어야 한다. 두 사람 중 한 사람이 건축가가 아니라면, 집을 지을 수 없거나 짓더라도 나중에 무너진다. 이를 피할 수 있는 유일한 방법은 결혼하는 사람의 수가 지금보다 한 오 퍼센트 정도 줄어야 하며, 결혼을 하더라도 준비를 아주 많이 해야 한다. 그래서 나는 혼전 관계가 아주 중요하다고 생각한다. 그래야 서로를 알고 미래를 설계할 수 있다. 그런 과정을 거치면서도 서로를 필요로 한다면 이제 마음 푹 놓고 부부가 될 수 있다. 이런 식이 아니라면 어떻게 될까? 이혼이다. 요즘 부부는 어떤가? 오직 이혼으로 가는 통로로 부부 관계를 선택하는가. 그러나 이혼은 사망 행위다. 이혼하고 싶어 하는 사람은 아무도 없다. 누가 이혼하고 싶겠는가, 누가 낙태하고 싶겠는가? 이 모든 것은 멱살을 잡고, 강요하고, 칼을 휘두르는 그래서 우리로 하여금 착각하게 만드는 이 사회의 영향을 받아 제대로 살지 않았기 때문에 생긴 결과다.

인간은 누구나 자식들과 오래 살고 싶어 한다. 자식들 안에서 자신의 젊음을 오래 유지하고 싶어 한다. 자식들과 더불어 어린 시절로 돌아가려고 한다. 그리고 자식들을 자신의 소유물이라고 착각한다. 부모가 자식의 삶을 준비해 줄 수는 없다. 그것은 각자의 몫이다.

　부부가 친자식을 낳아 교육을 시키고 잘 키운다면 사회 입장에서는 그보다 더 편안한 상황이 없다. 부부가 사랑의 씨를 뿌리고 돌보는 그 유토피아는 공짜로 배우는 교육이 되며 ― 물론 그 구성원에게만 공짜다 ― 부성애와 모성애 역시 자녀들에게 좋은 교육이 된다. 또 자식의 사랑과 형제간의 사랑 그리고 사회적인 틀 ― 늘 공평하지는 않지만 ― 을 보호하고 전통적인 가치를 영원히 계승하려는 사랑도 산교육이 된다.

　부부는 동물원에 있는 동물들처럼 쌍쌍이 우리에 갇혀 있다. 나는 독점을 몹시 싫어한다. 다른 사람에게 우리를 사랑하라고 강요하고 무관심하지 못하도록 법과 밧줄로 꽁꽁 묶는 행위는 점잖은 짓이 아니다. 부부는 자발적인 삶의 공동체 아니면 무언극이다. 그 누구도 다른 누구의 소유가 될 수 없다.

　요즘 신이 원하는 방식대로 결혼을 하자면 학위가 있거나 돈이 있어야 한다. 이 두 가지 중 어느 하나라도 없는 미녀는 가난뱅이에게는 사치며, 부자에게는 정부情婦다.

　부부는 성스러운 관계가 아니다. 모두 부부가 되기를 원하는 것은 더더욱 아니다.

과거에는 아주 오랫동안 성을 넘겨주려면 정당한 이유가 있어야 했다. 단지 사랑의 표현만으로는 죄를 없애는 데 충분하지 않았다. 출생과 의무만이 부부 관계를 이행하는 이유였다. 이것과 일치하지 않으면 이유를 불문하고 매춘이었다. 이런 목적이 아니면 부부간의 행위도 가혹한 죄로 간주되었다.

부부 관계와 사랑은 서로 다른 개념이다. 또 서로 일치해야 할 이유가 없다.

부부는 훌륭한 발명품이다. 인간이 자신에게 잘 맞게 만들어낸 발명품. 갖고 다니기도 편하지만 잘 다루면 오래가기도 한다. 그러나 사랑은 그렇지 않다.
사랑은 부부와 아무 상관이 없다. 결혼하지 않은 연인들도 있고 결혼했지만 연인이 아닌 사람들도 있다. 사랑이 늘 결혼이라는 골대를 향해 돌진하는 것은 아니다.

부부 관계 — 사랑도 마찬가지 — 는 단박에 이루어지지 않는다. 그리고 죽음까지 만들어가야 한다.

끝없이 노력하고 대립할 수 있으며 서로에게 비친 자신의 모습을 완벽하게 다듬는 노력을 할 수 있다는 것이 부부 관계의 장점이다.

문제는 시간이 아니라 사랑이다. 부부가 되어서도 두 사람은 매 순간 자신을 사랑하고 다시 정복해야 한다. 부부에게도 끝없는 노력이 필요하다. 산에 오르면 더 높은 다른 산이 있다는 사실을 알게 된다. 다른 산에 오르기 위해 내려와야 한다. 언제나 이렇게 이어진다.

누워서 떡 먹기 식으로는 부부가 될 수 없다. 최상의 동반자가 될 수도 있고, 내던지고 싶은 짐이 될 수도 있다.

부부는 참깨를 사들인다. 그들은 사랑을 사들인다. 사랑이 살아남게 하려면 사랑을 잘 먹이고 보살펴야 한다. 무엇이든 좋아하는 것을 어린아이에게 주듯 정성스레 주어야 한다. 쉬게 해야 하고 생기를 되찾게 해야 하며 너무 닦달하지 말아야 한다. 사랑은 엄숙하지도 심각하지도 단호하지도 않다. 이런 것들은 세례식이나 계약서의 조건들 아닌가. 사랑은 활기찬 상태이거나 술 취한 상태다. 잠자고 나면 깨질 수도 있다. 아니 장작이 없으면 꺼지는 모닥불 같다.

어떤 사람에 대해 다 알기 전만큼 매력적인 때는 없다. 아직 발굴하지 않은 영역이 많고, 드러나지 않은 놀라움과 호기심이 남아 있고, 찢어야 할 베일이 있을 때만큼 매력적인 때는 없다. 그래서 행복한 부부는 별로 없다. 부부는 서로에 대해 너무 많이 알고 있어서 지겨워한다. 아니 심지어는 참을 수 없어한다.

부인들은 어째서 정부情婦와 그토록 다르게 보일까? 부인이 식욕이 왕성해지면 지체 없이 갈라선다. 뭔가 이유가 있지 않겠는가. 남편들

중에 대담하고 상상력이 풍부한 사람이 많았다면 간통죄 지지자들 수가 줄었으리라.

결혼한 여자는 자유가 없기 때문에 우정도 만들 수가 없다. 사랑은 꿈도 못 꾼다. 늘 반복되는 일상. 남편은 하루 종일 아내를 무시하고 목청을 높이다가 밤이 되면 아내에게 소곤거린다. "자기야" "여보야" 그러면 아내가 대답한다. "머리 아파." 그러고는 돌아눕는다. 정말 역겹지 않은가.

에로티시즘과 포르노

　에로티시즘은 자연스럽고 내면적이며 몸에서 울리는 감각이다. 포르노는 인위적이고 외적인 자극이다.

　성적인 사랑의 결과는 사회적인 성격을 띠지만 감정은 그렇지 않다. 사랑이 자유와 구원의 사명을 감당하려면 개인적인 열광이어야 한다. 에로스는 반사교적이며 어떤 경우에는 반사회적이다.

　성적인 만족감은 역설적이게도 성적 불만족과 고립으로 이어진다. 사랑이 결핍되면 영혼을 소유할 수 없으므로 육체를 독점하려고 든다. 그래서 성적 대상이 된 영혼은 멀리 도망가 버리고, 성적 주체의 영혼은 의지할 곳도 기댈 곳도 찾지 못한다.

역설 중에 이런 역설이 또 있을까. 에로틱한 부모는 존경받는 부부가 된다. 전통적인 윤리와 자본주의 사회가 이루어낸 부부.

예전에는 에로티시즘을 없어서는 안 되는 충동이라도 되는 듯 아주 아름다우며 신비하다고 여겼다. 그런데 종교에서 그것을 곧바로 독점해버렸다. 에로스는 신이었다. 에로스는 인디언 성전의 제단에서부터 성경의 아가서에 이르기까지 등장하지 않는 곳이 없다. 그 후로 기독교 — 개인의 품행을 꼼꼼하게 규범화한 종교 — 는 사랑의 개념을 달리 해석했다. 영혼의 적인 육체를 타락시키고 쾌락을 정신병자를 가두듯 어두운 지하실로 쫓아버렸다. 본래의 윤리와는 반대로 사랑을 에로티시즘에서 멀어지게 하는 실수를 저지르자 정반대의 결과가 나타났다. 에로티시즘이 사랑에서 멀어졌다. 하지만 분명하게 짚고 넘어가야 한다. 사랑을 에로티시즘에서 멀어지게 한 사람들은 오늘날 에로티시즘을 비난하는 사람들의 조상이었다.

고독을 획일화하는 일만큼 빠르게 진행되는 것은 없다. 사회는 이미 에로티시즘을 예견했다. 사랑이 없이 오직 선정적인 면만 추구하는 에로티시즘 말이다. 에로티시즘을 상품으로 만들어 기계적인 욕구를 충족시키는 꽃으로 전락시켰다. 성인용품점이 문을 열었다. 에로티시즘을 이용해 담배, 자동차, 영화, 연극을 판다. 에로티시즘을 남발하고 있다.

성적 자극제는 우리를 정말 슬프게 한다.

비인간적인 청교도주의와 소비 사회가 포르노를 낳았다.

포르노란 무엇인가? 우리가 가지고 있는 것을 누군가 우리에게 팔고자 하는 사업이며, 수요를 자극하지 못하도록 이미 금지한 사업이다. 그렇다면 포르노는 누구의 자식인가? 포르노를 담배 종이에 싸서 피우는 청교도주의의 자식이며, 귀할수록 비싸게 파는 자본주의 사회의 자식이다. 그러면 포르노는 누구에게 말을 거는가? 유혹적인 사랑을 원하는 격렬한 욕구 — 금지할수록 더 유혹적인 — 와 지겹고 경직된 부부 관계 사이에서 비틀거리는 불안정한 자들에게 말을 건다. 난잡하고 어정쩡한 심미안들에게 말을 건다. 위선을 알기 전까지 남자와 여자는 '벌거벗었으나 부끄러워하지 않았다.'

누드는 포르노가 아니다. 포르노는 누드에 몇 가지를 덧붙이고 조작했다.

우리는 위장하기 위해서 무언가를 덮어쓴다. 살을 허공에 고스란히 드러내야 한다. 사랑하기 위해서. 사랑받기 위해서. 평화롭게 살기 위해서. 그렇게 하지 않으면 삶은 더 이상 삶이 아니다.

벌거벗은 모습이 우리에게 더 어울리며, 그것이 외적인 가짜 정체성을 지운다(우리가 태어나고 죽을 때처럼). 그런데 우리는 그것을 정반대로 바꾸어놓았다. 규범을 위반으로 전락시키듯 자연스러운 행위를 추문으로 전락시켰다. 모두가 누려야 할 선이 무슨 칫솔이라도 되는가.

많은 청년이 호기심 때문에 옷을 벗는다. 다른 사람의 벗은 몸과 그 몸의 반응을 음미한다. 그러고는 장난삼아 혹은 규칙을 위반한다는 영웅적인 분위기에 취해 서로에게 몸을 허락한다.

조금 더 사랑하기

우리 앞에는 사랑할 수 있는 대상들이 늘어서 있다.
그중 하나가 앞으로 나온다. 그러면 그에게 우리의 열망을 담은 새,
우리의 결점과 장점을 지닌 새들이 찾아든다. 꽃이 만발한 나무에 날아들 듯이.
사랑과 아주 가까운 곳에 살고 있는 고통도 이렇게 찾아든다.
가능성들이 쌓인 더미에서 한 가지를 골라 펼친다.
그러고는 그 위로 눈물을 쏟아낸다. 왜 그런 선택을 하는지 우리는 알지 못한다.
너무 크고 날카로워서 도저히 감당할 수 없는 벅찬 감정이다.

그리움

서운함, 아쉬움, 그리움……. 얼마나 어렵고 얼마나 인간적인 일인가.

그리워한다는 것은 우울한 창문 앞에 앉아 해가 지는 모습을 바라보며 더 이상 들리지 않는 목소리에 귀를 기울이는 일이다. 그러고도 우리는 여전히 살아 있으며, 우리 안에서―우리를 통해―살았던 것들이 계속 살아 있다는 확신을 주는 일이다. 그리워한다는 것은 몰두하는 또 다른 방식이다.

더위와 추위의 물결, 탄식과 환희의 물결이 한때 머물렀던 영혼으로 날렵하게 돌아온다. 변화는 좋은 것이다. 그리워하는 것은 좋은 일이다.

지나간 수첩에 적힌 일들을 오랜 망설임 끝에 인정하듯 신중하게 그리워하기. 마치 남의 일을 대하듯 애석한 마음으로 그리워하기. 우리를 인정하고 살아남기 위해 신이 나서 그리워하기. 절망하지 않고—그렇다고 지나치게 희망적이거나 지나치게 절망적이지 않은—그리워하기.

과거는 현재보다 아름답게 꾸미기가 더 쉽다. 내일이 되면 우리는 허접스럽고 냉담한 오늘을 활기차고 격렬했던 과거로 기억한다. 내일이 더 어둡기 때문이 아니다. 정말이지 인간은 그렇게 기억하기를 좋아한다.

우리는 우리 자신을 그리워한다. 예전의 우리 모습. 그리워할 만한 이유—공원에서 보낸 아침, 폐허로 떠난 여행, 사월의 어느 일요일 어둠에 잠겼던 방, 기차 옆에서 뺨에 했던 키스—를 가지고 있는 예전의 우리 모습. 하지만 우리는 그 모습을 미래에서 다시 만나지 못한다.

사람은 누구나 자기만의 순간을 살아간다. 거기서 벗어나는 것은 쓸데없으며 몹시 해로운 일이다. 우리는 우리를 격려하던 미소와 정감 어린 집을 그리워한다. 팔월의 어느 날 밤 바닷가에서 우리를 신처럼 떠받들던 잊을 수 없는 친구를 그리워한다. 우편배달부, 전화 한 통, 약속 시간을 초조하게 기다리던 그 타는 듯한 조바심을 그리워한다. 그리움은 즐거움 그 자체다. 하지만 결국에는 모든 것이 우리 생각과 완전히 다르는 사실을 알게 된다.

인간은 원래 욕심이 많다. 많이 가지면 가질수록 더 갖고 싶어 한다. 그리고 특히 잃어버린 것은 더 갖고 싶어 한다.

삶은 그리움이다. 삶은 결코 만족하지 않는다. 있을 때는 귀찮다가도 떠나면 도로 갖고 싶어진다.

있을 때는 모르다가 없어지면 비로소 귀중함을 깨닫는다. 그렇게 그리움이 시작된다.

나한테 향수는 아주 친밀한 의미를 가지고 있다. 어느 시기나 어떤 상황이 그리워서가 아니다. 나 자신을 향해 얼굴을 돌리는 일이기 때문이다. 나의 삶을 향해서. 우리는 지금 현재 우리 모습에 불만이 없다. 하지만 과거에 우리는 다른 모습이었다. 그 과거의 모습에 향수가 어린다. 인생은 상처 자국, 어쩌면 받은 적도 없는 상처에서 생긴 자국의 역사다…….

향수가 늘 긍정적인 감정은 아니다. 하지만 결국에는 언제나 희망이 남는다. 꽃잎이 져도 꽃향기는 남듯이.

향수가 미소를 자아내지 못하다니, 좋은 기억이 아니다.

인간은 멈추지 않는다. 쉬기 위해 그리워하고, 조금 더 걷기 위해 그리워한다.

혼자라고 느끼려면 사람들에게 에워싸여 있어야 한다. 그러기에는 십일월이 안성맞춤이다. 커튼을 내리고 생각에 잠기게 한다. 장미 화환을 쓴 유령에게 다가가게 한다. 두 팔을 벌린 채 미소를 짓고 있는 살결이 매끄러운 유령들, 죽지 않기 위해 태어났으나 죽은 유령들……. 그들은 꽃이며 유월이며 긴 낮이며 우리와 기억을 공유하는 밤이다.

행복

 행복이 만약 존재한다면 행복은 개인적인 개념일 뿐 집단적인 개념은 아니다. 사랑과 마찬가지다.

 우리가 곁에 있어 주는 사람의 행복—아니면 누군가 우리 곁에 있어준 걸까?—우리가 없는 행복은 언제나 우리를 슬프게 한다. 사랑하는 이가 아니라면 누가 행복을 우리와 함께 나눌 수 있겠는가?

 단순히 살아 있다는 것과 살아 있다는 것을 아는 데서 비롯되는, 또한 이런 사실을 알고 있는 영혼을 가진 육체와 더불어 느끼는 일상적이고 평범한 행복……. 그 영혼도 육체도 이 심오하고 괴로운 세상의 질서를 뒤집지 않는다. 두 사람의 행복, 두 사람과 두 사람만의 비밀에 좌우되는 행복, 사랑보다 위에 있는 아니 사랑 그 자체이지만 사랑을 능가하는 행복. 사랑의 빛보다 더 반짝이고 아니 사랑이 없이, 사랑의 징후가 없이 존재하고, 사랑을 유지하고 보살피는 데 전력을 다하지 않는 것이 있을까? 기적과 같은 인간의 사랑……. 사랑을 능가한다면 그것은 단순한 감정 이상이리라. 공동의 운명, 그 운명을 받아들이는 공동의 설계, 순응과 용납에 이름을 붙이기 위하여 새로운 단어, 연인들이 만들어야 하는 새로운 단어. 하느님께 선물을 줄 수 있는 단어, 진심 어린 선물을 줄 수 있는 단어, 살겠다는 고집스러운 의지와 신께 순종이라는 선물을 줄 수 있는 단어. 나는 지금 천사장들도 시기하는 인간의 소박한 행복에 대해 말하고 있다.

행복과 육체적인 쾌락은 다르다. 육체적인 쾌락은 너무 비인간적이다. 행복 안에서 인간은 피조물의 의식을 거행하지만, 행복을 체험하지는 않는다.

쾌락은 행복을 포함하고 있지 않다. 그러나 행복은 쾌락을 포함한다. 행복은 기쁨도, 함께 짓는 웃음도, 서로 간의 만족도 아니다. 그렇다고 사랑도 아니며 간혹 사랑과 반대일 때도 있다. 행복은 계획할 수가 없다. 환희와 열정을 소유하고 있으며, 어떤 일의 결과가 아니라 그저 주어지는 선물이다. 일시적인 착란이요, 완전한 성년으로 나아갈 수 있는 청년기의 비약이다. 온전하고 육체적이며 정신적인 존재의 영원불멸한 선언이 아니라 돌연한 선언이다. 젊은이가 품은 이상을 실행하는 일도 기쁨과 환희에 찬 창조도 아니다. 행복은 우리 삶처럼 분명하고 아주 명백한 느낌이다.

행복은 돌풍이며, 한순간 숨을 멈추게 하는 놀라움이다. 다시 숨을 내쉬면 우리는 이전의 우리가 된다. 그러니까 인간이며 패배자 말이다.

그 순간이 혹시 사랑과 관계가 있지 않을까? 덧없는 사랑의 찬란한 빛과 관계가 있지 않을까? 비록 행복과 사랑은 서로 다른 풍경이지만 말이다. 다른 감정이 끼어들어 서로 친하게 지내듯이 사랑과 행복도 이따금 친하게 지낸다. 어떤 상황이 되었을 때 사랑보다 우리를 더 비참하게 만드는 것은 없다. 사실 사랑이 떠날 때 우리는 백미러를 통해 멀어져가는 그의 흐릿한 모습을 본다. 그 환영은 제법 오래도록 사라지지 않는다. 그러고 나면 사랑이 남긴 그 빈자리로 그리움이 스며든다. 우리가 지금보다 예전에 더 많은 것을 갖고 있었을 뿐 아니라 심지어 실제보다 더 많이 갖고 있었다고 착각한다. 사랑에 푹 빠진 심장은 분석을 하지 않는다. 맹목적으로 뜨거운 열정과 충만한 기쁨과 과장된 슬픔을 이어간다. 격렬해진다. 지금은 할일이 없어져서, 아니 다른 일에 바쁜 체하면서 자신의 달콤하고 타락한 보물을 세고 또 세며 잃어버린 것을 노래한다. 그러고는 다시금 과장하고 부풀린다. 이웃집 잔디는 아니 어제의 잔디는 언제나 더 파랗다. 소금 기둥으로 변할 때까지, 진이 빠질 때까지 뒤를 돌아본다. 움직이려고 한다. 혼자 나아가려고 한다. 다른 길을 찾아보려고 한다······. 그러나 이미 그럴 수 없다.

행복은 덧없다. 행복은 일시적인 정신 착란이다. 행복해지려면 아주 바보가 되어야 한다. 진짜 바보스러운 사람만이 행복하다. 당신도 바보가 되면, 행복하다. 흔히 "사랑을 하면 변한다"고 하는데, 이는 우리가 다른 사람이 된다는 뜻이다. 흔히 "사랑을 하면 넋이 나간다"고 한다. 그러니까 우리가 미치고 동시에 우리를 팔아버린다는 뜻이다. 진짜로 넋이 나간다는 뜻이다. 사랑에 빠졌다면 우리는 팔렸고 미쳤다. 바보가 되었다는 말이다. 그래서 사랑할 때 행복이 우리 안에 둥지를 튼다.

사랑의 고통은 커질 수 있다. 사람들은 자기만의 고통을 가지고 있다. 그 반대로 행복은 행복으로 끝난다. 물려주지도 않으며, 과거의 사랑이, 이미 소멸된 감정이 가져다준 행복을 더해 불리지도 않는다.

그나마 내게 행복한 순간이 있었다면 이 세상에 대해 의기소침하고 혼란했던 순간이다. 나는 무한한 모자이크를 구성하고 있지만 눈에는 보이지 않는 대리석 조각을 알아보았다. 어느 한순간—그 순간이 매일 조금씩 더 길어지면 얼마나 좋을까—제대로 자기 자리를 찾은 대리석 조각. 나는 그것을 선물처럼 겸손하게 받아들였다. 그 길은 죽음에 이른다. 그 길이 죽음에 면역력이 있기 때문이다. 점점 더 많은 양을 먹으면 죽음의 독에도 면역이 생긴다.

오래전부터 나는 행복을 찾지 않는다. 내게는 행복이나 사랑이나 마찬가지다. 사랑이 다시 내 인생에 들어오려고 할 때는 내 문을 두드리겠지. 사랑을 찾아 골목길을 헤맬 수는 없다. 불면증과 숙취만 불러올 테니까. 행복은 늘 똑같다. 와야 하는 곳에는 꼭 온다. 아닌가? 어차피 내게는 행복이 꼭 필요하지도 않다. 이제 내게는 다른 것이 필요하다. 평온.

사랑에 빠진 사람들은 이 세상의 조화와 아름다움을 더 높이 평가한다. 우리가 행복해지기 위해서 이 세상을 살아간다고 생각한다. 이 세상을 눈물의 계곡으로 만들어버린 사람들과는 다른 말을 한다. 하지만 행복을 손끝으로 만지기 위해서 우리는 얼마나 많은 대가를 치러야 하는가. 너무 비싼 대가를 치러야 한다. 그러니 우리가 무엇 때문에 싸워야 하는지를 자문하지 않을 수가 없다. 나는 일을 훨씬 더 열심히 했다.

열정

열정은 육체와 육체가 벌이는 전쟁이다.

어떤 사랑을 해도 저마다 외로움을 느낀다. 열정은 두 개의 입과 두 개의 성性을 필요로 한다.

열정을 찾아갈 때는 전쟁터에 나갈 때처럼 해야 한다. 나는 열정이 죽음에 이르는 병이라고 확신한다. 육체를 죽이지는 않는다 해도 어떤 방식으로든 죽음에 이르게 한다. 모든 살을 산적꽂이에 올려놓기 때문이다. 열정적이지 않은 연인들은 이런 짓을 결코 하지 않는다. 사랑할 때는 자신을 보호한다. 수영을 하고 옷을 보관할 때도 특별한 기술을 동원한다. 그러나 열정에서는 동원할 수 있는 기술이 없다. 열정은 벌거벗은 채로 있는 거니까……. '온몸을 바쳤는데, 졌어요.' 어느 시에서 읽은 구절이다. 열정은 나무에 묶인 채 화살이 몸에 박히기를 기다리는 성자와 같은 상황이다. 그래서 우리는 언제나 열정의 문지방에 서 있을 뿐, 감히 그 선을 넘어 안으로 들어가지 못한다.

우리는 삶이 너무 왜소하다고 생각하며, 동전지갑만 한 사랑, 세탁기처럼 할부로 살 수 있는 문고판 책과 같은 사랑에 만족한다. 그럭저럭 버티며 가기 위한 사랑. 열정의 집으로 들어가 그 뜨겁고 시뻘건 문지방을 넘어가는 일은 책에서나 읽고 싶어 한다. 그리고 우리보다 더 용감한 사람들에게 무슨 일이 있었는지 들으려고 할 뿐 우리 자신은 그럴 준비가 되어 있지 않다.

다른 사람에게서 욕구를 일깨울 수는 있지만 열정은 일깨울 수 없다. 물론 일시적으로는 가능하다. 그러나 섹스에 열중하기 전과 후의 열정은 일으킬 수 없다. 그래서 행복과 고통이 뒤섞일 때 열정은 욕구보다 죽음과 더 가깝게 서 있다. 사랑하는 사람과 그의 손에서 나오는 행복한 고통과. 고통의 원인을 몰라서 우리를 더 아프게 하는 고통 말이다. 그렇기 때문에 열정은 암처럼 스스로를 먹여 살린다. 그리고 암처럼 탐욕스럽다. 누군가가 출현해서 일단 무기를 들었다면 행하는 데 망설이지 않는다. 사랑하는 사람이 없다는 사실은 참을 수 없지만, 어쨌든 다시 만날 수 있다는 희망이 있기 때문이다. 그러나 그 사람이 정말 우리와 함께하지 않으면 우리에게는 오직 절망만이 남는다.

옷을 입은 모습이 옷을 벗은 모습보다 더 선정적으로 느껴진다. 나는 열정을 납치하여 천천히 단추를 풀고는 그의 꽃잎을 하나씩 하나씩 떼어내리라.

우리는 열정의 초대를 받고 있지만 두려워서 들어가지 못한다. 그 안에서 무엇이 우리를 기다리고 있는지 잘 알기 때문이다. 열정보다 덜 위험하고 덜 잔인한 사랑도 우리에게 두려움을 준다. 열정에서 돌아올 때는 다른 사람이 된다. 살아서 돌아오면 세상을 다른 시각으로 바라본다. 모든 것을 이해하며 이 세상 모든 학문을 공부한 사람보다 더 현명한 사람이 된다. 요즘 젊은이들은 사랑이 두려워서 사랑병에 걸린다. 하지만 사랑은 병이 아니다. 사랑은 죽음이다.

사랑과 열정은 다르다. 열정만으로 시작되는 사랑이 있으며 열정 그 자체인 사랑도 있다. 그리고 오직 열정뿐인 사랑도 있다.

살아가면서 많은 사랑을 만날 수 있다. 하지만 열정이 있다면 사랑은 오직 하나뿐이다. 전쟁에서 돌아오듯 열정에서도 돌아온다. 달라진 모습으로, 달라진 눈동자에 광채를 품고…….

만약 누군가 나를 사랑한다면 그 사랑은 언제나 열정적인 사랑이 되리라. 열정이 없으면 워낙 무뚝뚝하고 제멋대로이며 못 말리는 성격인 나를 도저히 사랑할 수 없으리라. 결국 포기하고 말겠지.

저녁노을이 지고 별들이 불을 밝히기 시작하면 사랑하는 사람 곁에 앉아 한 걸음 한 걸음씩 밤이 다가오는 소리를 듣는다. 그 순간은 삶이 세상 이치에 따른다는 것을 깨닫는다. 하지만 다음 날 정오가 되어 정원의 향기와 새들의 울음소리에 파묻히면 삶은 열정을 관통하고 지나가는 거라고 생각한다.

살아간다는 삶의 과업을 떠맡는 일만큼 우리를 고양시키는 것은 없다. 열정을 불태우지 않으면 삶을 연장시킬 수는 있어도 윤택하게 할 수는 없다.

사랑은 영원하다. 사실 사랑이 지속되는 한은 영원하다. 열정은 촛불처럼 스스로를 태운다. 그렇다면 사랑은 자신을 소멸시키는 열정을 어떻게 막아낼까? 꿈을 꾸고 싸우고 필요하면 피를 흘리고 황홀경에 취해 소멸되고 완전해지는 열정을. 열정이 없는 사랑이 가능할까? 사랑이 없는 열정이 가능할까? 열정이 약속하는 영원은 늘 거짓인가, 사랑이 약속하는 영원은 늘 진실인가?

열정은 소멸된다. 지나치게 뜨거우며 지나치게 파괴적이기 때문이다. 그리고 몇 곱으로 늘려서 풍족해져야 하는 사랑은 결국 우리 자신과 맞서게 된다.

내가 볼 때 문학이 표현하는 열정은 지나치게 비현실적이다. 쾌락적인 삶은 매번 더 큰 쾌락을 필요로 하며 매번 달라지기를 원한다. 익숙하고 많이 알아서 지루해지면 시선은 자연히 창밖을 향하게 된다.

위대한 열정은 소설에서 이야기하는 열정이 아니라 절대로 소설에서는 이야기하지 않는 열정이다. 열정을 말로 표현하는 것 자체가 어렵기 때문이다. 열정은 이루 말할 수 없는 고통 위에, 또 말로는 다 표현할 수 없는 기쁨 위에 서 있다. 위대한 열정은 너무나도 강렬해서 죽음조차 낯설지 않은 단순한 일로 만들어버린다. 말로도 표현할 수 없는 그 뜨거운 흥분에 휩싸여 사느니 차라리 죽는 편이 더 나을지도 모른다. 천국과 지옥을 겪고 나면, 이 세상은 지루하고 밋밋한 곳에 불과하다. 고뇌와 고뇌 뒤에 찾아오는 평온함을 겪고 나면 조용한 삶에서 벌어지는 단순한 모험은 유치하고 지겨운 농담일 뿐이다.

기쁨

사회생활을 하면서 가장 갈망하는 것이 기쁨이며, 종교계에서 가장 혹평을 받는 단어도 기쁨이다. 이와 비슷한 뜻을 가진 쾌락, 특히 세속적인 쾌락은 지옥으로 가는 가장 빠른 차편이다. 신비주의자들도 위험하다고 여기는 단어다. 그리고 '즐겁다'는 형용사는 기분 좋고 유쾌하다는 뜻이다. 조용하고 흥분하지 않는 기쁨이다.

어쩌면 기쁨은 정신적이어서 오직 인간만이 누릴 수 있는 감정인지도 모른다. 인간의 본능과 욕구를 명민하게 만족시키고자 인간에게 주어지는지도 모른다.

사랑과 육체적인 기쁨을 착각하는 것은 꼴사나운 일이다. 기쁨은 사랑의 언어 가운데 하나일 뿐이다. 그러나 사랑의 언어는 좀 달라서 간혹 대립하기도 한다. 사랑은 인간적인 감정을 고양하고, 기쁨은 동물적인 면을 표현한다. 복잡하지만 균형을 유지해야 한다. 그래서 사랑과 기쁨은 각각 아주 다른 원천에서 물길을 내며 일치한 상태로 오래 가는 경우가 많지 않다. 맹목적으로 추구된 기쁨은 사랑의 길을 안내하는 맹인견이 될 수 없다. 사랑은 사람마다 다르게 표현한다. 기쁨은 사람에 따라 달라지지 않는다. 아니 거의 달라지지 않는다. 사랑은 절대 장님이 아니다. 눈으로 확인하고 다가가기 전에 나름대로 허락을 받는다. 그 반대로 기쁨은 막무가내로 무조건 들어간다.

사랑은 행복을 희구할까? 나는 늘 이렇게 자문한다. 육체적인 행복이란 휴식과 평온한 상태에서 육체의 안락을 제공하는 것이다. 하지만 기쁨은 원래 속성상 한계가 있고 불안정하다. 꿈에서 깨어나게 하며 좌절을 가르쳐준다. 다른 성격의 또 다른 기쁨으로 이어지지 않으면 만남과 약속의 장소가 되는 대신 파괴적이고 기계적이며 반복적인 감정이 될 수밖에 없다.

고통은 기쁨보다 더 깊이 사랑한다는 증거다. 그래서 고통이 더 깊은 흔적을 남긴다. 용서하고 매일 새로 시작하는 사랑이 진정한 사랑 아닐까?

기쁨은 대체로 비슷비슷하다. 뒤를 돌아보아도 이것과 저것을 구분하기 어렵다. 반대로 고통은 절대 헷갈리지 않는다.

기쁨은 스스로 동화된다. 그래서 결국 무엇이 다른지 구별할 수 없게 된다. 게다가 영원하지도 않다. 고통은 그 어느 것과도 닮아가지 않는다. 방금 전의 자신과도 비슷하지 않으며 다른 고통과도 비슷하지 않다. 같은 고통이 두 번 오지 않는다. 그리고 고통은 한없이 넓어지고 깊어질 수 있다.

지나간 기쁨은 고통을 주지 않는다. 우리가 기쁨을 즐기지 않고 그 뒤죽박죽된 맛이 기쁨이었다는 것을 제대로 깨닫지 못하면 우리는 고통스럽다. 지금 우리가 잃어버린 것들도 우리를 아프게 한다. 잃어버린 화창한 아침도.

나는 언제나 육체적인 사랑에 빠졌으며, 나보다는 상대방이 기쁨을 느끼는지를 더 염려했다. 그래서 나는 그 사람과 돌이킬 수 없이 멀어지고 말았으며 육체적 쾌락으로 빠져들지도 못했다. 한참 세월이 흐른 뒤에야 나는 기쁨도 전염이 되며, 타인의 기쁨이 나의 기쁨이 된다는 것을 깨달았다.

추억

바다가 우리에게 깊이 스며든다면
그건 우리가 바다이기 때문이다.
처음인 듯 마지막인 듯
우리는 어리둥절하다.
마치 유일한 경험인 것처럼…….
어떤 추억들은
물의 앨범에 들어 있다.

 어떤 때는 우리를 습격하여 몰아세우고 바닥에 넘어뜨려 꼼짝 못하게 한다. 아니면 적들처럼 숨어 있다가 망각의 가지에서 떨어져나간다. 어떤 때는 이미 기다리기를 포기한 순간에 허겁지겁 나타나서 들어가도 괜찮으냐고 묻는다. 또 어떤 때는 우리 안에 있다가 싹을 틔우고 자라서 낯익은 모습이 되고 익숙한 행동을 한다. 어느덧 때가 묻어 선명하지는 않지만 그래도 우리 앞에 서서 원한이 서린 표정으로 혹은 무기력한 얼굴로 한참 동안 꼼짝 않고 우리를 쳐다본다……. 그것이 무엇인지 아는가. 추억이다.

    사랑이 무관심으로 넘어가려면 힘겨운 높이뛰기를 해야 한다. 불쾌감이 남거나 적당한 애착이 생긴다. 망각은 무관심을 만들어내지 않는다. 추억을 정지시킬 뿐. 즉 망가져도 아무도 고치는 사람이 없는 집처럼 된다. 집을 찾아오기는 하지만 페인트칠을 새로 하지도 않고 그 집에 살지도 않으며 비가 새든 습기가 차든 내버려두고 벌레가 생기든 말든 더럽고 흉물스럽게 버려두어 결국 아무도 찾아오지 않게 한다. 망각은 사랑의 길과 정반대 길로 간다. 그러나 이미 달라진 불빛을 따라 예전의 무관심으로 돌아가는 길 위에서 우리는 지난날 보지 못했던 풍경들을 본다. 그리고 우리는 다시금 우리 자신이 된다. 추억은 사라지지 않고 삶의 무지갯빛 아래서 희미해진다. 망각의 길을 가기 때문이다. 망각의 길은 추억을 지우는 곳이 아니라 옮기고 이따금 돌아가게 하는 곳이다. 이미 예전의 모습은 아니지만 다시 부름을 받는다. 그러다가 시간이 더 흐르면 부름조차 받지 못한다. 어쩌다 우연히 스쳐갈 뿐이다. 또 추억은 예전처럼 공격적이지도 날카롭지도 않다. 강가의 자갈처럼 동글동글하다.

    가동교可動橋를 들어올리기란 얼마나 어려운가. 자신과 단둘이 있기란 또 얼마나 어려운가. 사람은 원래 혼자 있는 존재가 아니며, 자기 자신 안에서 사는 존재도 아니다. 우리의 의식조차 감히 발을 들여놓지 않는 그 어두컴컴한 방 안에는 머물려고 하지 않는다. 그 방에 도착하면 추억이, 멈추지 않고 흐르는 피가, 사랑했던 목소리가, 이제는 어루만지지 않는 손이, 멈춰버린 떨림이 어두운 구석에서 우리를 기다린다.

 살아간다는 것은 추억과 희망을 오락가락하며 망설이는 일이라고 한다. 맞는 말이다. 아마도. 추억이 더 무거워지면 고독이 우리를 정복해버린다. 공유할 수 없는 추억은 좋은 친구가 아니다. 추억이 높이뛰기를 도와주는 발판이나 장대가 되지 못하면 좋은 친구가 아니다.

 추억은 좋은 친구처럼 시간이 흐르면서 더 친밀해진다. 어느 날 주변을 둘러보면 바로 거기에 추억이 있다.

 추억은 물려줄 수가 없다. 추억은 예상하지 못한 곳에 드문드문 피는 야생화다. 땅주인이 원하지 않아도 피는 꽃이다. 그 뿌리를 뽑아버리려는 욕구에 저항하는 힘을 통해 생명력이 입증된다.

 당신은 추억의 주인이 아니다. 추억은 가까이 다가오거나 멀리 도망간다. 거울에 추억이 비친다. 시간은 그 거울에 있는 추억의 윤곽을 마구 더럽히고 함부로 지워놓는다. 당신은 추억을 더 가까이 느끼고 싶어서 거울을 손으로 문지르지만 보이는 거라고는 정탐하고 있는 당신의 눈동자뿐이다.

현실은 우리가 기억하고 있는 것과 많이 다르다. 고통도 행복도 완전히 다르다. 어제의 그림은 시간이 설명한다. 시간이 과거에서 떨어진 이삭을 줍고는 다른 색깔로 색칠해 우리에게 준다. 시간은 흘러간 과거뿐 아니라 그 후에 생긴 일도 이야기해준다. 우리 역시 우리가 기억하는 사건들을 이야기한다. 현재의 우리를 만든, 잇따른 사건들 말이다. 그러니 돌아간다는 것이 얼마나 위험한 일이겠는가.

과거를 불러낸다고 돌아오겠는가. 누구도 지나간 사랑을, 기쁨을, 격렬한 감정을 다시 돌려놓을 수 없다. 현재가 과거를 흉하게 만들었다. 망각은 존재하지 않지만 그렇다고 언제나 현재만 계속되는 것은 아니다. 추억은 비현실적이다. 추억은 추억으로 지탱하거나 추억으로 지워야 한다. 자연과학 박물관이 몇 개의 뼈를 가지고 태곳적 동물을 재현하듯이 우리는 오늘 우리의 삶을 재건하려고 한다. 그건 옳지 않다. 그렇게 되지 않는다. 삶은 세워졌다가 무너진다. 그것이 전부다. 그러고는 계속 살아간다.

추억을 추억으로 지울 수 있는 사람은 행운아다. 문신처럼 지워지지 않는 추억도 있다. 어디를 보아도 추억들은 눈에 맺힌 눈물처럼 세상을 뿌옇게 흐리며 되살아난다.

우리를 사랑이 지탱해주는가, 사랑한 추억이 지탱해주는가? 현실은 현실의 그림자보다 늘 더 멀리 있다. 삶과 사랑은 반짝반짝 빛나는 물이다. 그 물에서 가장 가까이 있는 것들만 손에 잡을 수 있다.

추억과 기억은 차이점이 아주 많다. 추억은 기억이 정화된 것이며, 보물이 신비의 섬에 살 듯이, 육체가 영혼에 기대듯이 그렇게 기억에 의지한다.

우리가 사랑받았던 순간, 누군가에게 없어서는 안 되는 존재였던 순간을 되돌려야 한다. 그 눈길 속에서 속삭이는 소리를 들으며 그 편지를 손에 넣고 어떤 반응을 보였는지 재현해야 한다. 아무것도 지나가지 않는다. 액자의 못을 뽑듯 우리의 기억에서 그것을 뽑고 우리의 심장에서 파내기만 하면 된다. 그때 진정으로 최상의 삶을 살았다는 것을 절실히 깨달을 때가 바로 지금인지도 모른다. 석양이 지는 어느 창문가에서 텅 빈 손으로 혹은 만화경을 들고 지금까지 우리를 지탱하고 위로해주었던 것을 다시 되살린다. 그 사실을 알지도 못한 채. 그때 다 좋았다면 지금도 다 좋다. 우리는 어제의 우리와 같으니까. 그리고 우리 역사는 우리가 살아야 했던 장章으로 이루어져 있다.

유혹

　사전을 보면 '유혹하다'라는 단어는 '교묘하게 속이다', '구슬려서 잘못을 저지르게 하다', 혹은 '감각 등을 마비시키고 홀딱 반하게 하다'라고 정의한다. 선을 위해 유혹할 수도 있으며, 오직 유혹하기 위한 목적으로 유혹할 수도 있다.

　진정한 유혹은 윤리적이거나 비윤리적인 몸짓이다. 그러나 정신적인 것이며―그래서 육체적인 것의 상위 개념―적극적―그래서 현실을 수정하는―인 것이다. 진정한 유혹은 무엇을 대상으로 하건 하나의 전략이다.

　유혹은 신중하게 실행될 수 있다. 예기치 않게 나타나 진행되거나 일순간 잘못 틀어질 수도 있다. 유혹을 받았다가 버림받은 다음에야 비로소 우리는 의지를 상실했던 순간에 대해 의견을 내놓을 수 있다. 의지 대신 특별한 미소가 들어왔노라고.

유혹의 의도는 차치하고, 유혹자 중에는 무의식적인 유혹자, 반쯤 의식적인 그리고 의식적인 유혹자가 있다. 아름다움은 무의식적인 유혹이고 매력은 반쯤 의식적인 유혹이다. 하지만 아름다움은 곧바로 진정한 유혹으로 연결되지 않는다. 다만 호의적인 자료가 될 뿐이다(너무 호의적이고 신뢰가 지나쳐 오히려 표현되지 않는다. 아름다움은 나타나서 마음을 사로잡을 뿐이다. 그 이상을 강요하지 않는다). 그러나 매력은 단지 외모만이 아니라 영향력을 행사하는 힘이다.

유혹자 중에는 두 가지 유형이 더 있다. 하나는 노력파, 즉 공작의 매력적인 꼬리를 지칠 줄 모르고 펼치는 형이다. 또 하나는 정황파, 즉 순전히 관심에 의해 움직이는 형이다. 노력파는 누군가를 유혹한다는 구실하에 자기 자신을 유혹하고, 스스로 기쁨을 누린다. 정황파는 돈 후안형이다. 자신에게 항복한 육체가 주는 기쁨에서, 포기하는 기쁨에서 더더욱 희열과 만족을 느낀다. 물론 꼼꼼하게 고른 사람을 유혹한다. 그는 경험의 가치를 잘 아는 수집가이며 매번 더 어려운 목표에 도전한다. 유혹자로서의 명성은 날이 선 무기나 마찬가지다. 사람이 가까이 다가오면 이미 자신의 사정거리 안에 들어왔음을 알아챈다. 그리고 유혹당한 자는 이미 유혹하는 육체다.

유혹자는 언제나 유혹의 두 번째 단계를 필요로 한다. 그 누구도 자신이 먼저 유혹당하지 않고는 절대 유혹하지 않는다. 먼저 하나를 주어야 한다. 그제야 유혹이 시작된다. 유혹자를 유혹하는 누군가가 있다. 눈길 하나로, 눈 한 번 깜박거려서, 신비한 분위기로 손을 떨어뜨려서, 속삭임으로……. 그제야 유혹자는 유혹을 한다.

 유혹자와 유혹을 당한 사람의 관계는 변하기 쉽다. 죄수와 간수, 인질과 유괴범의 징후와 비슷하다. 이 이중적인 면으로 인해 경계선이 불분명해진다. 유혹자는 먼저 유혹을 당한 사람이 아닌가? 눈에 보이는 유혹의 용수철을 팅겨 유혹을 부추기는 것은 수동적인 유혹이 아닌가?
 유혹을 당한 자가 먼저 유혹의 덫을 놓아 스스로 잡히고자 한 것은 아닐까? 마음 깊은 곳에서 우러나는 욕구대로 각자의 위치를 결정하는 강한 충동, 미세한 영혼의 움직임이 존재한다. 키에르케고르는 두 사람 중 한 사람은 속아야 한다고 했는데, 확실하지 않은 사실을 지나치게 강조한 면이 있다. 누가 누구를 속이는가? 주도권을 쥔 사람인가, 아니면 주도권을 잡도록 자극한 사람인가? 그리고 누가 어느 것이 진짜 주도권인지 밝힐 수 있는가? 유혹을 당하기도 하고 유혹을 하기도 하는 인간은 영혼 깊숙한 곳에 작은 광장을 잔뜩 숨겨놓았다. 사람들은 육체와 정신을 넘겨주기 전에 그것들을 저항으로 포장한다. 그리고 대체로 유혹은 정복자적인 외모를 과시한다. 그런데 그런 저항과 정복은 허구인 경우가 많다. 이 선수들은 자신의 도구, 속임수, 역할에 대해 어느 정도까지 알고 있을까? 진정한 사랑은 오직 자유에 달려 있다. 하지만 사랑은 영원한 빛 아래(sub specie aeternitatis)서 작용하며, 유혹은 자유의 빛 아래(sub specie libertatis)서 작용한다. (빛 아래여야 한다. 그래야 자유가 순전한 모습을 드러낸다.) 유혹자의 기술은 냉정일까 열정일까? 냉정과 열정을 가장한 것일까? 유혹당한 사람을 열정에 젖게 하려면 진실하지 않은 열정을 전염시켜야 할까, 아니면 용의주도하게 자극해야 할까? 유혹에, 미소에, 공범에 정해진 규칙이 있을까?

유혹에 민감한 쪽—여자만이 아니다. 남자도 민감하다—은 자신의 목적을 추구하는 사람일까, 아니면 다른 사람에게 자신의 목적을 갖게 하는 사람일까? 사랑하는 이—사랑하는 이가 유혹자라고 누가 말했나?—는 변절하는 사람인가, 아니면 다른 사람의 역할에 몰두하는 사람인가? 그리고 의지할 곳을 찾는 누군가가 유혹자로부터 유혹을 당하지 않는다면 너무 슬픈 일이 아닐까? 도대체 이 수수께끼를 낸 사람이 누구란 말인가?

유혹자의 게으름에 대해서도 이야기를 해야겠다. 피로가 그를 엄습하면 무지개 빛깔로 반짝이던 그의 대화는 아련한 메아리로, 진동 없는 소리로 바뀐다. 유혹자가 마음속의 감정을 꺼내지 않는다고 느껴지면 애무하던 손은 눈물로, 눈물을 머금은 말로 바뀐다. 그러나 울지 않는다. 말하지 않는다. 노곤하니까. 그러고는 유혹당한 자의 얼굴에서 연습한 대본을 받지 못한 배우처럼 놀라고 실망스러운 표정을 읽는다. 그러나 그의 제국이 땅바닥으로 무너져 내리는 모습을 그냥 지켜본다.

사랑하지 않는 사람들에게 사랑은 언제나 유혹적이다. 그리고 지레짐작하는 사람은 스스로를 유혹한다.

감각

감각은 우리의 깊은 내면이 세상과 소통할 수 있도록 다리를 놓아준다. 그러나 때로는 어떤 느낌이라도 쉽사리 들어올 수 없도록 턱 버티고 서서 가로막기도 한다. 그 어느 것도 편하게 고스란히 들어오지 못하게 하려고. 그러다보니 우리는 삶을 간헐적으로 바라보며 또 천천히 제대로 음미하지도 못한다. 삶에 귀를 기울이지도 않으며 이맛살을 찌푸리고 멀리서 삶의 냄새를 맡는다. 또 손이 데기라도 할까 봐 조심스럽게 삶을 더듬는다. 그러니까 어중간하게 산다.

감각을 잃지 않고 늘 갈고 닦으며, 어떤 문이건 반쯤 열린 그 문을 통해 자연으로 도망갈 수 있어야 한다. 감각은 바로 우리 자신이다. 감각이 우리를 구성하고 있다. 이 세상은 감각의 창문을 통해 우리에게 오며 우리는 또 그 창문을 통해 세상으로 나간다.

인간이 감각을 완전히 잃어버렸는지 모르겠지만 감각을 잃어가고 있는 것만은 분명하다. 오직 말로만 의사소통을 하는 탓에 감각은 쭈그러들고 말았다. 가능성이 줄어들고 엄청난 위험에 직면해 있다. 스스로 도태되는 위험 말이다. 말 뒤에 숨어 희롱하기란, 말을 사용하여 모른 척하기란 얼마나 쉬운가. 이는 말을 만들어낸 원래의 목적과는 정반대가 아닌가. 청각은 미로다. 눈과 귀는 정면으로 맞서기 때문에 거짓말을 덜한다. 날이 갈수록 냄새는 우리에게 다가오지 않고 더 멀어진다. 날이 갈수록 우리를 감동시켰던 냄새들을 조금씩 잊는다. 날이 갈수록 우리는 더 대담한 냄새를 풍기지 않으려고 한다. 비누와 향수 때문에 우리는 서로 비슷해지고 언제든 교체할 수 있는 존재로 전락해간다. 너무도 깨지지 쉬운 사랑 때문에 우리는 구명줄을 잡으려고 애쓰며, 깊은 내면에, 숨은 냄새에 기대고 싶어 한다. 그런데도 우리는 땀과 솜털과 혀가 내뿜는 냄새를 가리고 싶어 한다. 그리고 그런 획일화된 사랑 때문에 우리는 혼란스러워하고 휘청거린다. 그렇다면 맛은 어떤가? 우리의 입은 차치하고 다른 입에서는 박하 맛이나 바닐라 맛이 난다. 날마다 저마다의 고유한 맛을 잃어가고 있다. 예를 들어 온실에서 억지로 키워 창고에서 익힌 탐스러운 과일은 원래 모습의 희미한 메아리이며 빛일 뿐이다. 신문에 난 어느 치정 살인 사건에 관한 기사도 마찬가지다. 몇 번 찔렀는지 그 횟수는 정확히 보도하지만 범인이 느낀 절망, 끝없는 질투, 끝나지 않는 고독의 시간 그리고 무관심 때문에 그의 분노가 얼마나 활활 타오랐는가에 대해서는 단 한 줄도 언급하지 않는다.

자연은 오직 자신의 영달만을 좇는 구두쇠다. 이 구두쇠는 경제적인 이유 때문에 모든 감각에 나름대로 효용성을 주었다. 손은 움직이고 물건을 나르고 명령을 내리지만 애무도 한다. 눈은 보고 눈물을 흘린다. 코는 호흡을 하고 냄새에 끌리기도 하고 퇴짜를 놓기도 한다. 혀는 음식의 맛을 보고 키스를 한다. 갼음은 인간의 동물적인 면을 드러내는 일이지만, 인간은 모든 것을 미화하는 감정을 만들어냈다. 이 세상은 우리를 위해 창조되지 않았다. 세상 안에서 우리는 벌거벗고 겁먹은 예외적인 존재일 뿐이다. 우리가 가진 거라고는 단 한 가지 무기뿐이다. 다른 동물들의 보호 본능에 필적하는 이성 말이다. 자연은 특별한 이유도 없이 알을 품고 새끼를 퍼뜨리는 개구리나 물고기를 만들어낸다. 개구리와 물고기는 그것밖에 할 일이 없다. 우리에게는 늘 좌절이 도사리고 있다. 그래서 질투 때문에 사랑을 하던 사람이 자살을 결심하기도 한다. 사랑은 자연의 계산과 일치하지 않으며 사랑하게 한 생각과도 일치하지 않는다. 그래서 익사할 위험에 빠진 조난자는 바다보다 더 위대하다. 그는 자신이 죽어간다는 것을 알고 있으나 바다는 그를 죽이는지도 모르기 때문이다.

우리 모두는 자연 세계의 밀물과 썰물에 맞춰 살고 숨을 쉰다. 계절, 소리, 냄새, 촉각 그리고 사랑의 유희에 맞추어서. 음식의 맛을 느끼고 사랑하는 이의 포옹과 우리의 활력과 발밑의 땅을 느낀다. 우리가 보는 것보다 더 먼 곳으로 우리를 데려다줄 수 있는 갈망이 우리를 관통하고 지나간다. 그러나 감각과 본능의 세계에서 편안함을 느끼는 우리 존재의 일부가 분명히 있다. 지금 이 순간을 편안하게 느끼는 것이 분명히 있다. 삶은 바로 현재라고 나는 생각한다. 영원까지도, 우리가 함부로 말하는 영원까지도 순수한 현재다. 어떻게 어제를 살 수 있단 말인가? 어제를 살아간다는 것은 죽는 방법 중 하나일 뿐이다.

모든 감각 중에서 내게 가장 감동을 주고 많은 호기심을 주는 것은 다섯 번째 감각, 즉 촉각이다. 다른 네 가지 감각은 머릿속에 존재한다. 정확하게 표현하자면 이 나머지 네 개의 감각은 더 냉정하고 평온하고 객관적이며 공평하다. 그곳에 웅크리고 앉아 정탐을 하고 있다. 반대로 촉각은 우리의 경계선에 존재한다. 우리가 어디를 가든지 우리를 에워싼다. 어떻게 보면 바로 우리 자신이다.

인간은 촉각이 소통하기를 갈망하는 존재다. 촉각은 의사소통을 하지 않고는 살아갈 수 없다. 인간은 그의 영토다. 그래서 동물처럼 그 영토에 표시를 하고 자신의 영토임을 밝힌다. 살갗은 그의 경계선이다. 거기서 영토가 끝이 난다. 영토가 끝나는 곳에 자신과 다른 사람과의 성벽이 세워진다. 나는 촉각보다 더 확고한 동맹, 접촉보다 더 직접적인 표현은 알지 못한다. 단정한 몸가짐이 거짓일 때가 얼마나 많은가, 불신은 또 얼마나 많은가. 아, 두렵다.

촉각은 무한하다. 인간과 인간을 연결하는 위대한 다리다. 촉각이 없다면 아이는 크지 않으며 어른들은 실신한다. 응석을 받아주어야 한다. 촉각을 시각으로 대체할 수는 없다. 손바닥으로, 뺨으로, 입술로 알아보고 느껴야 한다.

우리는 서로가 서로를 충분히 만져주지 않는다. 오직 죽는 순간이 되어서야 키스를 해본 적도 받아본 적도 없다는 사실을 깨닫는 사람들이 있다. 눈물을 머금어본 적도, 감동을 받아본 적도, 다른 사람과 함께 울어본 적도, 다른 입술에 입을 맞춰본 적도, 달콤하고 향긋한 말을 해본 적도, 비둘기처럼 은근한 말로 구슬려본 적도 없다는 것을……. 그것이 진정한 인간의 모습인데도 말이다. 너무나 고통스럽게도 이미 너무 늦어서 아무런 방법이 없을 때 누군가 그런 사실을 알려준다. 우리는 눈, 입술, 애정, 손, 친구를 물리친 다음에야 그 사실을 깨닫는다.

어떤 나라에서는 사랑하는 사이가 아닌데도 사람들이 서로 만지고 접촉을 한다. 남자들이 길에서 서로 팔짱을 끼고 손을 잡고 손가락을 끼고 걷는다. 정감 어린 표정을 두려워하지 않는다. 즐겁게 웃고 떠들고, 키스를 하고, 서로를 압박하고, 헤어지고, 서로 쳐다보다가 돌아와 다시 압박한다. 몸과 몸이 엎치락뒤치락하며 싸울 때는 싸움까지도 인간적인 면이 있다. 하지만 이것은 어디까지나 폭력이며 아무 가책 없이 익명의 존재들을 죽이는 익명의 폭탄이다.

감정

감정. 불가사의한 열기, 이성理性이 손을 더듬거리며 위태롭게 나아가는 곳에 낀 반짝이는 안개, 영혼의 그 밀어붙이기.

감정이란 무엇인가? 같이 동시에 찾아 나서는 길.

인간은 감정의 존재다. 감정이 없이는 위대한 창조도 없다. 모든 일이 그렇듯이 처음의 열정은 이상에서 멀어지면서 점차 사라진다. 그래서 인간의 감정은 파산하고 실망한다. 어째서 인간은 하나의 감정도 평생토록 지탱하지 못하는가.

지금 우리는 감정을 느끼는 것을 부끄러워한다. 우리는 약하고 여성적이고 틈이 난 곳에 마음을 쏟는다. 감정 때문에 치명적인 상처를 입을 수도 있다.

공통의 욕구를 충족할 수 없고, 감탄할 수 없고, 아름다운 입술의 여운을 느낄 수 없다는 것이 우리를 가까워지거나 멀어지게 한다. 결코 부유하냐 가난하냐의 문제가 아니다. 감정을 느끼는 데는 돈이 들지 않는다. 인간이 태어나기 시작하면서 아직 왜곡되지 않은 것이 있다면 감정뿐이다.

죽음에 임박했을 때 표현하라고 감정이 있는 것이 아니다. 그 감정을 소유한 사람들의 관계에 화려한 색깔을 입히라고 있는 것이다. 인간들은 아주 멍청할 때가 많다. 감정을 표현하지 않아서 오해에 오해를 불러일으킨다.

자신의 감정을 드러내는 사람이 그리 많지 않다. 글로 표현하는 사람은 더더욱 적다. 우리는 그런 사람들을 정신병자로 몰아세워 가장 깊은 지하실에 가둬두었다. 그리고 아무한테나 전화를 하고, 위스키를 마시고, 진정제를 먹는다. 고통은 유산이 아니라는 듯, 망각의 기술을 배우는 것으로도 충분히 용감하다는 듯이.

어느 길거리에서, 병원에서, 버스에서 누군가 우리의 심금을 울린다면 우리는 그에게 미소를 짓고 우리 앞에 벌렁 드러눕는 그를 받아주리라. 왜 죽을 때가 되어야만 감정에 충실해지는가. 지독한 고독을 느끼면서 별안간 죽을 수도 있는데. 인간의 구원이 — 아직 구원을 받을 수 있다면 — 다른 곳에서 온다고 어떻게 확신할 수 있단 말인가.

　인간은 본능적으로 여자를 더 신뢰한다. 여자에게 더 의지한다. 그것도 모자라 인간을 특징짓는 감정들은 여성의 영혼에서 화려하게 꽃을 피우며 열매를 맺는다.

　나는 감정을 배우지 않고 느낀다. 나는 가슴과 감정을 통하지 않으면 어떤 것도 배울 수 없다고 생각한다. 그 나머지는 냉기 속에서 배운다. 그리고 우리는 냉장고가 아니므로 그런 것들은 썩을 수밖에 없다.

성

    나는 사람들을 지켜보면서 그들이 성性을 얼마나 중요하게 생각하는지 알고는 새삼 놀라지 않을 수 없었다. 인간은 성을 가지고 있는 것이 아니라 성 자체다. 외적인 면이나, 엄격하고 광범위한 의미의 성을 말하고 하는 것이 아니다. 성은 마치 공기처럼 인간을 에워싼다. 가끔은 수정 같고 가끔은 들이마실 수 없는 공기 같다.

    나는 지금 검고 화사한 꽃처럼 피고, 검고 화려한 상처처럼 열리는 내면의 부름에 대해 말하고자 한다. 다른 사람의 부름에 대한 응답이 아니라 자기 자신의 부름에 대한 응답이다.

    나는 개인적인 성의 목소리에 대해 말하고 있다. 어째서, 무엇 때문에 잠에서 깨어 기지개를 켜는지 또 눈을 뜨고 주변을 둘러보기 시작하는지 인간은 알 수가 없다. 태어날 때도 어째서, 무엇 때문에 태어나는지 모르듯이 말이다.

그리고 이 친밀한 성은 너무 일찍 잠에서 깨어난다. 성과 가장 가까운 세계는 성을 가진 자이며 동시에 성이 소유한 자이다. 또 육체는 손수 그것을 끌어안는다. 그러나 아직 새롭고 은밀하며 불굴의 힘이 밖으로 분출되어 자신의 종말을 살필 수 있는 시간이 남아 있다.

그렇다면 성은 어느 한순간에 나타나는가, 아니면 태어나기 전부터 존재하여 눈, 입, 어머니, 아버지, 유전자, 배라고 부르는가? 사람들은 어째서 성을 즉시 표현하지 않는 걸까? 그 이름과 성을 왜 곧바로 가르쳐주지 않는 걸까? 성은 더 개인적이고 더 중요하고 더 화려하고 더 유용하고 더 즐거운 것이 아닌가?

인간은 자신의 자녀를 로빈슨처럼 낯선 섬에 버린다. 그래도 잔소리하는 사람은 아무도 없다. 애정 어린 눈길로 그 변화에, 난처한 처지에, 비탄에 관심을 기울이는 사람도 없다. 아니 아무도 그것을 모른다.

인간은 성을 더럽혔다. 창세기에서 에덴동산의 아담과 이브가 "벌거벗었으나 부끄러워하지 않았다"는 것을 기억하지 못한다. 이때처럼 성은 언제나 정체를 알 수가 없으며 다양한 방식으로 사용할 수 있으며, 어디에나 있으며, 아무리 써도 고갈되지 않으며, 특히나 아무 죄도 없다. 어떤 경우에도 죄가 없다. 그 어리석은 사과와 파계가 있기 이전의 성, 선과 악을 구분하기 이전의 성 말이다.

인간은 신의 소임을 맡고 있다. 인간이 만든 신의 소임을 대신하고 있다. 맑은 물을 탁하게 흐려놓고 신에게 어울리지 않는 땅에 죄를 심고 불행해진 열매를 거둔다. 그리고 마침내 평화롭고 악의 없고 즐거운 곳에서 천진한 사람들에게 위협적인 나팔을 집어 던진다. 문명화된

성인들은 성을 혐오스런 것으로 전락시켰다.

낙원에 있는 아담과 이브도, 그들의 자녀들도 성에 무지하지 않았다. 그들은 성 자체였다. 그렇기 때문에 그들은 진정으로 순수하고 진정으로 때 묻지 않은 자들이었다. 하지만 잃어버린 에덴을 그리워하는 성인들은 성을 혼탁하게 만들고, 오염시키고, 범죄의 무기와 고통의 원인으로 삼고 있다. 성이 결백하다고 주장하는 세대가 과연 생겨날까? 그 세대에는 진정한 내적, 외적 낙원을 쫓아내려고 하는 사람이 아무도 없으리라.

소유는 이 시대 최고의 열정이다. 하지만 열정에 사로잡힌 사람은 거의 없다. 아니 적어도 성적인 열정에 사로잡힌 사람은 아무도 없다. 재미있게도 이제 소유하려는 대상은 사랑하는 사람이 아니다. 성 자체다. 물건이나 재산을 공유하는 사람이 아니라는 말이다. 소유물들을 즐기기는 해도 우리가 그 소유물은 아니다. 그렇기 때문에 여러 가지 두려움으로 인한 거리감과 냉랭함이 생겨났고, 이는 성과 사람 관계에 실질적인 변화를 가져왔다. 우리는 성에 대해 잘 안다고 생각하지만 실제로는 그렇지 않다. 성의 신비로움은 불시에 찾아온다. 어째서 누구를 보면 흥분을 하고 누구를 보면 흥분을 하지 않는가. 어째서 누구하고는 만족스럽고 누구하고는 만족스럽지 않은가. 아무도 그 이유를 모른다. 성은 물을 마시고 놔두는 컵이 아니다. 단지 그 컵만이 아니라는 말이다. 우리는 이 분야에서 너무나 서둘러 발전을 거듭한 나머지 성취감조차 느끼지 못한다. 오늘 우리는 우리보다 앞서 살았던 인간들이 누린 기쁨을 우리도 누리고 싶어 한다. 원시인들의 불과 사냥, 청년기의 성적 광란, 그리스인들을 열광하게 했던 지성의 불꽃을. 우리는 이 모든 것을 원한다. 문득 이탈리아의 시인 가스파라 스탐파의 시가 생각난다.

사람과 사람, 가슴과 몸은 얼마나 멀리 있는가!

사람마다 성이라는 단어를 다르게 이해한다. 아마도 사람 수 그러니까 성을 소유한 사람이 아니라 성에 의해 소유를 당한 사람 수만큼이나 그 의미가 많으리라. 침대가 아닌 곳에서 경솔하게 일어난 일은 지금의 주제에서 벗어난다. 성은 우리가 숨을 쉬는 공기처럼 어디에나 있으며, 우리를 움직이게 한다. 성이 없으면 살 수가 없다.

인간은 인간이다. 성을 가지고 있지 않은가. 그렇지 않다면 다른 것과 다를 바가 없다. 나무, 천사, 동상 등등. 이것들은 당연히 즐거움을 모른다.

성은 영원히 고정된 자세가 아니다. 집요하게 고집을 부리는 면에서는 사랑과 같다. 어느 교통경찰이 마음에 들었다고 해서 모든 교통경찰과 잠을 자고 싶어 하는 사람은 없다. 무엇보다 성은 사적이고 내밀하고 즐거운, 반복할 수 없는 경험이다. 비록 같은 사람과 또 할지라도.

성은 우리의 목숨을 위협하는 범죄자가 아니다. 신은 성을 사랑했다. 그래서 그것을 숨기고 무시하고 없는 체했으며, 우리로 하여금 갈

팡질팡하게 만들었다.

성은 물론 거룩한 충동이며 모든 것을 초월한다.

배신, 우월, 변절, 허무 혹은 욕심으로 변질되지 않았다면 성적인 것은 다 좋은 것이다.

성은 "난 널 사랑해"라고 말해야 하는 보세구역이다.

벌거벗은 성, 진정한 성은 언제나 비사교적이며 비사회적이었다. 성이라는 놈은 적들이 백기를 들고 몰려와서 의지할까 봐 몸을 숨겼다.

속옷을 입은 처녀들은 속옷을 소모하고 스스로를 소모하고자 속옷을 입는다. 처녀들을 쳐다보고 그들을 보기 위해 자신을 들여다보는 총각들은 즐거움을 누리고 있다. 이 모든 것이 성이다. 음악, 땀, 화려한 불빛, 넋을 잃은 시간 그리고 그들, 모두가 성이다.

감각적인 표현들은 성적 긴장감을 일으켜서 우리를 지탱한다. 우리는 성에 약간 다른 것들이 더해진 존재다. 성은 모든 것의 앞에 있으며 모든 것의 뒤에 있다. 성은 우리 자신이며 기본 원칙이기 때문이다.

성은 향수다(물론 많은 사람에게는 향수도 악취다. 깊이 따지고 들어가면 다 그게 그거다). 어느 곳에서 냄새가 피어오르지만 대개는 눈에 보이지 않으며 냄새가 나는 곳이 어딘지 알기가 어렵다. 하지만 주변에 은은히 퍼진다. 우리가 움직일 때마다 우리와 같이 움직이지만 지나간 자리에는 흔적이 남는다. 우리의 모습은 그의 임무에 의해, 그로 인해, 그를 위해 달라진다. 가장 강력하고 섬세한 힘이다.

내게 어린 시절의 이야기를 들려준 사람은 아무도 없었다. 다만 내 이름과 성만 알고 있을 뿐이다. 나 역시 굳이 알아보려고 하지 않았다. 우리 자신인 성은 생산을 위해, 병에 걸리기 위해 어두컴컴한 복도에서 애인의 속내를 살피듯 선택하게 하려고 우리에게 주어진 것이 아니다. 성은 아무 조건 없이 우리에게 주어졌다. 우리가 그에게 주어졌다. 마치 조난자가 스스로 무인도에 이르는 것이 아니라 파도에 실려 가듯이 성은 걸어가다가 잃어버리는, 그랬다가 다시 찾는 그런 곳이다.

일곱 살 때 나는 동네 여자 애들과 남자 애들이랑 놀았는데 어찌나 선정적인 놀이를 했는지 지금 생각해도 얼굴이 화끈거리며 웃음이 나온다. 한적하고 어두운 골목에서 터부도 금기도 모르는 우리들은 다른 아이들의 몸과 뒤엉킨 채 짜릿한 경험을 맛보았다. 무한한 단순함과 신뢰 그리고 공범 의식으로 똘똘 뭉친 우리는 어른들이 금지한—그렇다고 대놓고 금지하지도 않았다. 침묵하고, 숨기고, 은폐하고, 은닉했을 뿐—의식의 집행자들이었다. 아무도 내게 말을 해주지 않았다…….

우리는 성을 어찌나 왜소하게 만들었는지 급기야 성은 페니스와 질로 축소되었다. 또 어찌나 억눌렀는지 누르던 손가락을 놓는 순간 성은 용수철 인형처럼 상자에서 튕겨 나와 우리의 코를 때렸다. 우리가 삶을 소유하지 않듯이 성도 우리를 소유하지 않는다. 성과 삶이 우리를 소유하고 있다. 그래서 자연은 준엄하다. 우리의 개인적인 즐거움(제발 행복과 혼동하지 마시길!) 따위에는 관심이 없다. 자연은 영원히 계속되기만을 원한다. 자연은 그것을 달성하려고 사치를 부리지만 다른 방면에는 아주 인색하다. 오르가슴을 느낄 수 있는 유일한 종은 인간의 암컷이다. (수컷은 생산을 위해서 오르가슴이 필요하다.) 그러므로 오늘날 성을 다룰 때는 그 엄청난 중요성을 고려해야 한다. 이와 똑같은 예를 들자면, 문학 갈래로서의 시 — 이 세상이 숨을 쉬게 하는 무한한 공기 — 와 그 결정체인 한 편의 시가 가지고 있는 차이점이다. 그렇다고 시가 갖고 있는 비중이 줄어들지는 않는다. 오히려 그 반대다. 하지만 시라는 분야는 한 편의 시에서 끝나지 않는다. 시보다 더 우선하며 또 시의 뒤를 좇아가기도 한다.

성을 잘 가꾼 정원, 향긋한 냄새가 나고 열매가 풍성한 정원과 동일시하는 것은 속임수다. 절반의 진실이다. 아니 거짓말보다 더 못할 수도 있다.

성은 장미의 정원이 아니다. 정원을 둘러친 돌담이 아무리 높을지라도 성은 언제나 그 정원 너머에 있다.

성의 몸짓을 표현할 수 있는 단어가 있을까? '사랑의 행위를 한다'는 말은 저속한 표현이다. 사랑은 그것 이상이다. 게다가 결코 무언가를 하는 것으로 끝나지 않는다. 이는 소심한 사람들을 아니 소심한 체하는 사람들을 부추기는 프랑스식 꼴불견이다. '사통하다', '간음하다'라는 단어는 불쾌감과 위압감을 준다. 왠지 종교적인 분위기가 느껴지며 집안일 같은 느낌을 준다.

성은 생리적인 것만이 아니라 생물학적인 것이기도 하다. 대화의 마지막 단계 말이다. 삽입만으로 감정의 교감이 이루어지지는 않는다. 사랑이 없는 성은 조용하다. 그런 성 관계에서는 그 어떤 접근도 성공하지 못한다.

성을 전적으로 진지하게만 생각해서는 안 된다. 고문을 해서도 안 된다. 사랑을 선포하려면 미소를 지어야 한다. 그리고 웃어야 한다. 웃음은 순수하고 광적인 표정이기 때문이다. 그래서 최고의 스승이다.

사랑받는다는 사실을 부끄러워하지 말라. 누군가 사랑을 부끄러워한다면 자기 역할을 잃어버리고 쓰러져 사람들에게 밟혔기 때문이다. 나는 어렸을 때 목은 단지 키스를 받거나 밟히기 위해 존재한다고 생각했다. 사랑은 일종의 허구다. 당연히 같이 자야 한다. 성은 거짓말을 덜한다. 사랑은 인간을 만들어냈으며 인간은 특정한 본능의 부재를 변명하기 위해 이성理性을 이용한다. 그리고 서로 즐거워하는 육체의 물리적인 싸움을 이성으로 장식한다.

성은 쾌락을 추구하는가? 늘 추구하지는 않는다. 이따금 고통을 통해 쾌락을 얻으려고 하지만 그것은 이미 쾌락이 아니라 개인적인 환호다. 그렇다면 아름다움을 추구하는가? 그렇지 않다. 주관적인 아름다움조차 추구하지 않는다. 아름다움이란 자동차나 자명종처럼 편리한 물건을 하나씩 더 갖는 것이다. 그러나 성은 아름다움을 필요로 하지 않는다. 성은 자신이 바라보는 대상을 미화한다. 그리고 모든 것에 우선한다. 음란하고 잔인한 예식보다 우선하며, 감탄보다 성애적인 돈보다, 습관보다 우선한다. 그리고 성을 실행에 옮기기 위해 사랑의 목소리에 매료될 필요는 없다. 성은 또 사랑과 구별되며 사랑에 우선한다. 나 역시 사랑이 없이 몸을 섞는다는 것은 음악이 없이 춤을 추는 것과 같다고 쓴 적이 있다. 나는 이 말을 한 나를 공개적으로 비난하겠다. 성은 다른 문제다. 춤은 태고로 깊이 들어갈수록 스스로 음악을 만들어낸다. 춤을 추는 데 남자와 여자가 한 쌍을 이룰 필요는 없다. 춤은 혼자 출 수도 있고 단체로 출 수도 있다.

성은 언제나 뜨거운 사랑의 애무를 필요로 할까? 아니면 사랑과 무관하게 압도적으로 씩씩하게 혼자서 행동할 수 있을까? 자연의 번식하라는 교훈에 따라야 할까? 아니면 재미있는 즐거움만 추구하면 그만일까? 성적인 몸짓이 쾌락, 사랑 그리고 진지하게 생명을 전하는 신비하고 외설적이며 분명한 권위와 합쳐지면 거룩해질까? 사랑과 쾌락만이 합쳐진다면 너무 인간적인가? 다른 선례나 결과를 무시하고 오로지 순수하고 — 몇몇 사람에게는 불순하지만 — 순간적인 쾌락만을 추구한다면 너무 동물적인가? 칸트처럼 엄격한 누군가가 말했다. 덕행의 제1

차적 표현은 타인의 덕행을 위해 애쓰는 것이 아니라 타인의 행복을 위해 애쓰는 거라고.

성은 하나의 가능성이지 의무는 아니다. 사랑이 없는 섹스는 더더욱 그렇다.

생명을 부여하는 것이 성의 유일한 즐거움은 아니다. 성을 실천하는 것, 그것이 성의 다른 즐거움이다. 더 많은 풍요와 쾌락과 흥분의 도가니로 몰아가라.

오직 전달할 수 있는 사랑의 몸짓으로 전달하기를 갈망하는 두 존재의 몸과 영혼이 결합하고 탐닉하는 절정 상태에서 성행위가 완전해진다. 이 행위를 통해 자녀를 만들든지 말든지, 그것은 당사자들이 결정할 문제다.

성은 어떻게 성급하고 지루한 부부의 침대로 전락했을까? 결국은 단단하고 좁은 모성애의 침대로 변하게 될 부부의 침대로……

성은 생각 없이 행동할 때가 있다. 그래서 몇 가지 기계적인 동작으로 전락하여 빈약한 결과를 낳는다.

화가 났을 때는 섹스를 하지 말라. 화가 나고 질투가 나고 분노가 치밀 때는, 기다려라. 부정적인 감정이 분출되면 모든 행위도 부정적으로 바뀐다. 마음이 가라앉고 나서야 함께 나누는 시간이 시작된다. 긍정적인 마음을 나누는 시간이.

침대로 갈 때는 제단을 오를 때처럼 평화로운 마음으로 원한을 품지 말고 가야 한다. 가장 높은 곳으로 가는 첫걸음이지 않은가.

"방도 같이 쓰면 안 될까?" 이렇게 말하는 여자와는 한평생을 함께 살고 싶지 않았다.

예전에는 어려운 사랑이 유행이었다. 요즘에는 쉬운 사랑이 유행이다. 전에는 소파와 침대를 몇 킬로미터 쯤 떨어뜨려 놓았지만 요즘에는 너 나 할 것 없이 침대소파를 쓴다.

감정과 사랑은 미용실처럼 여자와 남자를 구분하지 않지만 신체적인 감각은 그렇지 않다.

여자의 육체적인 쾌락은 남자의 육체적인 쾌락과 전혀 상관이 없다. 남자가 사랑을 나누면서 느끼는 감각은 마치 딸꾹질이나 중절성교 coitus interruptus와 같다. 다시 돌아와야 하기 때문이다. 여자는 다시 돌아올 필요가 없다. 남자가 끝나면, 여자는 시작한다. 자연은 사랑의 임무를 여자에게 주었으며, 이를 통해 자신이 사랑에 인색하지 않다는 사실을 증명했다. 또 자신의 질을 위해 훌륭한 페니스를 찾는 여자에게서도 이런 사실이 입증된다. 하지만 그것은 중요하지 않다. 페니스는 일을 마치면 다시 돌아가며 결국은 여자만이 사랑의 위대한 승리자로 남는다. 남자는 사랑의 대리인이다. 사라지기 위해서 부름을 받는 존재다.

사랑 대신에 질투를 부추긴 몸짓이 끝날 즈음에는 왜 서글퍼지는 걸까? 담배로 몸을 가리는 권태와 현실로 돌아가는 황량한 여행과 꿈으로 가장한 슬픔에 실망했기 때문일까? 그럴지도 모른다. 하지만 환희가 부족해서가 아니다. 자기 자신의 본능이 무한하기 때문이다. 불멸을 가로막는 죽음을 불러왔기 때문이다. 낙원의 문이 닫히기 전에 낙원을 슬쩍 엿보았기 때문이다. 영원한 승리의 축제에 오직 육체만이 초대를 받았고 육체는 그 황홀경에 저항하지 않았다. 그런데 지금은 이카로스처럼 고꾸라져 있다. 고독은 자신의 하얀 이불보를 펼쳐 침상—싸움터—을 덮는다. 그리고 한때 동지였으며 공범자였던 육체를 옆으로 밀어 놓는다. 기쁨은 끝이 났으며 기쁨으로 가는 통로도 막혔다. 이제 그들은 고통과 육체의 이기적인 침묵만을 함께 누릴 수 있다. 다 허망해진다. 기쁨도 행복도 오래가지 않는다. 육체도 그 투명한 정원도 더 이상 살아 있지 않다. 감정마저도. 비록 진심 어린 감정이라고 해도……. 어째서 독촉하고 숨고 정탐하고 육체의 창문을 통해 즐거움을 얻는 영혼만이 더 오래가는 걸까? 고독만이 머무는 그 창문에서 말이다.

사랑을 불사르는 몸짓이 끝났을 때 디에고와 나 사이에는 슬픔도 권태도 몰려오지 않았다. 기쁨이 덜해서 오는 실망은 더더욱 없었다. 우리는 한없이 기뻐하고 있었다. 우리 사이에는 낙원의 희미한 그림자가 있었고, 그 낙원의 문에는 울타리가 없었다. 우리는 여전히 서로의 눈동자 안에 안주하고 있었다. 이 영광스러운 축제에 초대를 받은 손님은 육체만이 아니었다. 고독이 자신의 하얀 이불보를 펼쳐 침상을 덮지도 않았다. 기쁨과 기쁨으로 가는 통로와 익숙함과 공통의 삶은 여전히 남아 있었다. 육체와 그의 정원도 여전히 살아 있었다. 그곳의 정원사가 사랑이었기 때문이다. 육체가 자신의 창문을 반쯤 닫았을 때에도 감정과 아무 데나 붙어대는 영혼은 계속 남아 있었다. 우리는 관능의 정점에서 하나가 되어 손을 잡고 깔깔대고 웃으면서, 그 웃음을 곱씹으면서 그곳에서 다시 내려왔다.

현실에서 일어나는 일은 절멸하는 과정과 참 비슷하다. 제 길로 사라지거나 아니면 상대방의 팔에 안겨 번민하면서 그를 정탐하고 자신의 삶을 그의 삶으로 교체한다. 그러다가 마지막으로 가래 끓는 소리와 서로 탈선하는 발작에 이르면 다시금 상대방과 달라진 자기 자신에게로 돌아간다. 얼마나 슬픈 일인가. 이때가 '기꺼이 죽을 수 있는' 아주 적절한 순간이라고 사람들은 말한다. 말은 하지만 행동으로 옮기지는 않는다. 사람들은 성교를 끝내고 나서 슬픔에 대해 이야기를 한다. 별로 놀라운 일이 아니다. 영광스러운 순간이 증발해버리지 않았는가. 우리는 열쇠 구멍을 통해, 열린 비밀의 문을 통해 낙원을 보았다. 매번 싸울 때마다 낙원의 다른 부분을 보았다.

사랑은 눈동자와 입 그리고 코로 해야 하며, 맛보기 위해 혀로 해야 한다. 또 신음 소리와 뱃속에서 들리는 소리와 살이 부딪치는 소리를 듣기 위해 귀로 해야 한다. 사랑은 채워서는 안 될 배고픔이다. 전채 요리를 먹는 것과 같다. 뛰었다가 넘어지고 다시 뛰기 위해. 그리고 떨어지지 않기 위해 애를 써야 한다. 무한한 것을 다 쓰지 않기 위해, 욕구를 멈추지 않게 하기 위해 조금씩 갉아먹는 탐욕.

사랑 안에서 인간은 자신을 초월하며, 혼탁해지고, 자존심이 날아가고, 몸을 태우고, 세상을 멈추게 한다…….

성관계를 가질 때 영혼은 단지 참여하는 것에 그치지 않고 경험의 주체가 된다. 성의 황홀경에 이르는 순간, 이 세상을 초월한다. 물론 너무 짧고 불확실하다…….

나는 사랑이 겁을 먹지 않도록 침묵을 지키고 숨을 멈추었다. 그 순간에 사랑은 언제나 겁먹은 어린아이 같았다. 그 순간만 아니라면 그 어느 것에도 겁내지 않는 늠름한 남자인데 말이다. 전에는 진짜 황홀경이 무엇인지, 몸이 공중으로 떠올라서 손가락으로 하늘을 만져보는 그 느낌을 몰랐다. 자기 자신과 자신의 이름과 삶을 망각하는 경험도 해본 적이 없었다. 전에는 순결한 사랑, 느낄 수 있고 만질 수 있는 사랑, 소유하는 열렬한 사랑이 무엇인지 알지 못했다. 뼈를 녹여 금으로 만드는 사랑, 골수까지 짜릿한 사랑, 실신 직전까지 몰고 가는 사랑, 혹은 나를 밀어 쓰러뜨리는 사랑, 눈을 감고 두려움 없이 오직 넘어지는 생각만 하며 넘어지는 그런 사랑을…….

직관으로 느끼지 않는다면 사랑은 무엇인가? 살갗의 경계를 통해 들어가지 않는다면 사랑은 무엇인가? 사랑받는 이의 밖에서 사랑의 포로가 되려고 한다면 사랑은 무엇인가?

쇼윈도를 통해서는 그 누구에게로도 들어갈 수 없다. 거기에는 치즈와 와인과 특히나 사악한 두 눈동자가 있었다. 나는 그 눈동자를 어찌나 오래 지켜보았는지 거의 기절할 지경이었다. 그리고 맞은편에서 그토록 오랫동안 나를 지켜본 그 눈동자의 주인은 기절했다. 그 후에 오는 것은 덜 무서웠다.

입이나 항문으로 하는 섹스는 특정 종교에서 회개의 주제가 될 수 있지만 절대로 민사소송감은 아니다. 자유인은 자기가 가려운 곳을 긁으며, 이웃의 동의 없이는 이웃의 가려운 곳을 긁어주지 않는다. 내가 그곳이 가렵다고 재판관이나 교황도 거기가 가렵겠는가. 재판관이나 교황이 어디가 가렵지 않다고 해서 나도 같은 곳이 가렵지 않겠는가. 지옥과 천국이 있다면, 바로 이런 자유가 존재하기 때문이리라.

사랑은 육체적인 것이 아니다. 육체적인 것은 살이다.

나는 대학교 일학년이 끝나갈 무렵에 성교육과 비슷한 교육을 처음으로 받았다. 아버지와 나는 함께 세비야에 갔는데 아버지가 그곳에 몸을 파는 여자들의 집이 있다고 말씀하셨다. 나는 그 말이 터무니없다고 생각했고, 어째서 우리 집도 아닌 그런 집에 가서 그런 여자들을 봐야 하는지 이해할 수가 없었다. 아버지는 내가 눈치 빠른 청년이라서 괜히 점잔을 뺀다고 생각하신 모양이었다. 그때 대화를 하던 중에 아버지가 내게 조그만 가위를 주셨는데 나는 지금도 그 가위를 가지고 있다. 가위에는 손톱 가는 줄도 달려 있었고, 접어서 케이스에 넣게 되어 있었다. 나는 몸을 파는 여자들이 사는 집보다 그 선물에 훨씬 더 마음을 빼앗겼다. 나는 사랑이나 성에 대해 좀 순진했다. 이미 나이가 들어 다 알고 있는 형들에게도 그런 얘기는 묻지 않았다. 그 당시 우리 집에는 대화가 거의 없었다. 어쩌면 집이나 학교 또 기숙사에서도 날 혼란스럽게 하고 싶지 않아 아무도 말을 안 해주었는지 모른다. 나는 공부에만 내 신경을 모두 쏟았기 때문에 그런 일에는 관심도 없었다.

개화된 존재는 암컷도 수컷도 아니다. 이런 구분을 초월한다. 성은 움직이고 변하며 재미있다.

성은 자연스러운 충동이다. 만약 성을 외관으로만 구분한다면, 성을 생식의 수단으로만 생각한다면, 성은 두 가지뿐이다. 하지만 다른 방식으로 성의 의무를 받아들인다면 성은 사람 수만큼이나 많다.

모든 남자는 이따금 여자를 원하고 여자는 늘 남자를 원한다. 모든 인간은 자기 안에 두 개의 성을 가지고 있다. 남자는 의식적으로는 남자이며 무의식적으로는 여자다. 여자도 마찬가지다. 의식이 피곤하거나 잠이 들면 어둠 속에서 무의식이 나타나서 지배한다.

성의 전쟁은 다른 전쟁과 마찬가지로 몹시 불행하다. 인생의 투우장에서 우리는 함께 투우를 한다. 혹은 남자와 여자들이 함께 투우장으로 간다.

사랑에 빠진 이들

연모는 조바심의 결정체다. 우리 앞에는 사랑할 수 있는 대상들이 늘어서 있다. 그중 하나가 앞으로 나온다. 그러면 그에게 우리의 열망을 담은 새, 우리의 결점과 장점을 지닌 새들이 찾아든다. 꽃이 만발한 나무에 날아들 듯이. 사랑과 아주 가까운 곳에 살고 있는 고통도 이렇게 찾아든다. 가능성들이 쌓인 더미에서 한 가지를 골라 펼친다. 그러고는 그 위로 눈물을 쏟아낸다. 왜 그런 선택을 하는지 우리는 알지 못한다. 너무 크고 날카로워서 도저히 감당할 수 없는 벅찬 감정이다.

사랑에 빠져 있지 않을 때만 사랑에 대해 말할 수 있다. 사랑에 빠져 있을 때는 사랑을 하기만 한다. 사랑은 말이 아니라 행동으로 해야 한다. 문학과 정반대다. 문학은 말로 하지 행동으로 하지 않는다.

사랑은 어떤 상태가 되는 것이 아니라 어떤 존재가 되는 것이다. 나는 '사랑에 빠졌어'라고 하지 말고 나는 '사랑에 빠진 사람'이라고 해야 한다. 사랑은 우리를 들쑤시고 황폐하게 만들고 망가뜨리고 속인다. 그러고는 우리가 우리 자신을 속이게 만든다.

사랑에 빠진 이는 탁발승과 같다. 사랑의 불덩이 위를 맨발로 딛고 선다. 못이 박힌 침대에서 잠을 잔다. 사랑의 횃불을 게걸스럽게 삼킨다. 그러고도 멀쩡하다. 멀쩡하게 죽어간다.

사랑에 빠진 사람이 혼자 있을 때는 거지가 된다. 하지만 죽으면 왕이 된다. 거기에 희망이 있다.

사랑에 빠진 이들은 보물단지를 여기서 저기로 옮기는 어린아이들과 같다. 그 보물단지의 가치를 알면 알수록 더 떨려서 깨뜨리기 쉽다. 만약 그 가치를 모르면 함부로 대하다가 떨어뜨릴까? 사랑에 빠진 이들은 성性이라고 하는 좁은 땅 위에 근사하고 영원한 유리집을 짓는다. 그 집이 무너지지 않고 오래가려면 어떻게 해야 할까? 그 책임이 연인들에게 있을까? 어쩌면 사랑은 영원하라고 만들어진 것이 아닌지도 모른다. 사랑에 빠진 이들은 충동적이면서도 꼼꼼해야 하고, 상처를 입으면 수술을 받아야 하며, 친구이면서 동시에 연인이어야 한다. 제일 어려운 직업이다. 가장 허망한 일이다. 그러면서도 너무나 아름다운 일이다.

사랑에 빠진 이들은 언제나 게릴라와 같다. 같은 선상에서 홀로 전쟁을 치르지만 마주치지 않는다.

사랑에 빠진 사람은 그 누구보다 자신의 감정을 일으킨 동기를 잘 알고 있다. 다른 사람들이 풀이 죽은 미소를 보는 곳에서 그는 여명의 미소를 본다.

약혼은 절차이며 모든 절차가 그렇듯이 좀 우스꽝스럽다. 어디론가 통하는 중간 지대라서 얼른 지나가지 않으면 불편한 복도처럼 민숭민숭하다. 낫지 않으면 죽는 폐렴처럼 허망하다. 그 반대로 간절한 그리움은 활기를 주며 그리워하는 동안은 활기를 잃지 않는다.

불평등한 관계가 사랑을 기반으로 하고 있다는 것을 아는 사람이 있을까? 사랑은 다양한 얼굴을 가진 존재가 아닐까? 고즈넉함, 잘 다듬어진 경험, 감성, 기쁨에 찬 혹은 호기심에 가득 찬 모습, 우아한 자태가 우리를 사랑으로 끌어들이는 것은 아닐까? 촌스럽고 뻔뻔스러운 분위기, 분쟁, 관대한 태도, 다른 사람들에게는 생기가 없이 칙칙하게 보이는 지성의 빛에 대한 반작용으로 사랑에 빠지는 것은 아닐까? 나는 지금 일반적인 규칙 — 사랑은 규칙에 좌우되지 않는다 — 이 아니라 실제로 누군가를 매혹하는 사람에 대해 말하고 있다. 그들은 혹시 돈이나 권력이나 명예를 가진 노인들에게 끌리는 사람들일까? 나는 단지 나이가 들었다는 이유만으로 상대에게 빠져드는 사람들을 많이 알고 있다. 그런 사람들은 생각보다 훨씬 많다. 얼마 전 어떤 여자가 아주 진지하고 심각한 미소를 지으며 내게 경고했다. "당신이 정말 근사해지려면 아직 십오 년은 더 있어야겠군요." 그녀는 젊은 아가씨였는데 얼마 전에 죽었다. 또 이런 말도 있다. 죽음이 우리를 갈라놓을 때까지……. 무모하다는 말밖에는 할 말이 없다. 죽음이 누구를 먼저 데려갈지 누가 알겠는가.

나는 소름끼칠 만큼 지독한 향수를 뿌리거나 파란색 양복에 갈색 구두를 신는 사람과는 사랑에 빠질 수가 없다고 생각한다. 하지만 사랑이 굳이 고집을 부린다면 그때는 그 사람을 데려다가 조언을 약간 해 볼 생각은 있다. 좀 복잡하겠지만. 사랑할 때는 아무리 궁리를 해도 다 엉망진창이 된다.

사랑에 빠지는 것보다 더 하고 싶은 일이 있을까. 그렇다고 마음이 동하지는 않는다. 마음이 움직인 적은 가끔 있었지만 아무 일도 일어나지 않았다. 언젠가 어떤 젊은 사람 때문에 설렌 적이 있었다. 그 사람은 청순 그 자체였고 천진난만했으며 사람이 더 이상 가질 수 없는 경이로운 재능을 지녔다. 감탄과 동시에 갖고 싶고 사랑하게 되는 그런 사람이었다. 그는 삶이 내게 준 선물이었지만 나는 그것을 내 손으로 잡을 줄을 몰랐다. 나는 그 사람을 손에서 놓치고 말았다. 그를 잡고 있을 만한 힘이 없었거나, 내게 사랑할 여지가 없었거나, 내가 더 이상 그런 방식으로는 사랑할 수 없었기 때문인지도 모른다. 내 인생은 엄격한 시간과 경직과 수없는 포기와 탐욕스러운 일로 채워지며 아주 규칙적이고 질서 정연하다. 나는 투우를 피해 일이라고 하는 안전지대로 몸을 피했다. 그런데 또 다른 투우, 즉 사랑이라고 하는 투우가 그 안전지대에서 나를 덮쳤다. 안전지대에서 나는 안전하지 않았다. 일은 그 나름의 정도와 흐름이 있어야 하는데 나는 일을 내 인생의 절대적인 주인공으로 만들어버렸다. 한때 사랑을 내 인생의 절대적인 주인공으로 만들었듯이.

고독한 사람들

우리는 이 가슴에서 저 가슴이 아니라

이 삶에서 저 삶으로

걸어간다.

닫힌 고독의 방에서

즐거운 축제에서

그 전야에 이르기까지

활기찬 일정과는 정반대 길로

밖에서 안으로

우리 불행한 고독을 향해

동행한다.

고독은 내적인 감정이지만 외적인 면도 존중해야 한다. 물론 다른 사람들에게 양보하느라 그 누구도 자기 자신을 저버려서는 안 된다. 고독한 성향을 가진 사람들이 있다. 아니 더 정확하게 말하자면 그런 사람들에게 고독은 운명이다. (성향은 모순된 말일 수도 있다.) 그런 운명을 만나기도 어렵지만 받아들이기는 더 어렵다. 그래서 언제나 — 거의 언제나 — 성숙해지지 않을 수 없다. 그전에 먼저 넉넉해져야 하기 때문이다.

모든 인간이 모든 인간을 통과해 가는 지독한 릴레이 경주에서 이 어처구니없는 목적지에 먼저 도달한 사람이 고독한 자란 말인가? 아니면 수많은 삶의 죽음에서 태어난 별개의 인간인데 주변에서 그에게 쉴 새 없이 애절한 노래를 불러주고 있는 건가?

사랑보다 앞에 있는 고독은 사랑으로 가는 길이었다.

인간은 오직 하나뿐인 사랑을 받고 싶어 한다. (또한 오직 하나뿐인 사랑을 하고 싶어 한다. 하지만 이 두 번째 갈망은 첫 번째 갈망에 방해가 된다.) 인생에는 여러 단계 — 가장 고독한 단계 — 가 있는데 이 단계에서 인간은 완전한 희망을 갖거나 완전히 절망한다. 여러 단계 중에 유년기와 노년기가 있다. 이때는 첫 번째 갈망보다 두 번째 갈망을 훨씬 더 실현하고 싶어 한다. (한 사람의 비중은 다른 사람이 그에게 의존하고 있는 정도에 비례한다.) 이런 단계에서 누군가를 만나지 못하면 인간은 체념하고 아무것에나 의지하게 된다. 가령 화초, 카나리아, 조가비 수집, 개 등등. 위대하고 고독한 사람들 — 어린이와 노인들. 어린이들은 아직 받아들이지 못해서, 노인들은 버려져서 ― 은 자신들의 번민을 보다 작은 세계로, 자신의 방으로, 관심을 주고 사랑을 주는 다른 대상으로 돌린다. 그런 대상의 생명 ― 자신의 생명에 대한 증거인 ― 이 소멸될 때 느끼는 고통을 생각해보라. 화초는 말랐고, 조가비는 깨졌으며, 카나리아와 개는 죽었다. 그럴 때 고독은 다시 그들을 압도한다. 고독조차 나눌 수 없다니…….

고독도 다른 감정과 마찬가지로 ― 어쩌면 사랑은 아닐지도 모른다 ― 쓰면서 완벽해진다.

걸인이 된다는 것은, 걸인 중에 걸인이 된다는 것은 지나가는 날들에게, 우리를 남겨놓고 바삐 지나가는 날들에게 구걸하는 것이다. 바로 그 일을 지금 내가 하고 있다. 그리고 방랑자가 된다는 것은 그가 간밤에 잠을 잤는지, 어디서 잤는지, 내일은, 모레는, 글피는 어디서 자는지 신경 써주는 사람이 아무도 없다는 뜻이다.

> 우리는 정처 없는 섬.
> 어디로 가는지도 모른 채
> 함께 달리는 고독한 사람들.
> 게임은 끝났고 내기에 건 돈은
> 돌려받을 수 없다.
> 채택된 계획이 있고
> 미루어둔 계획이 아직 있다.

우리가 가진 줄 알았는데

그것이 우리를 소유하고

어느 목소리의 메아리가

우리를 태운다.

희미한 열기 속 둥지에는

제비 한 마리.

누군가 검고 깊은 파도를 휘젓다가

하늘로 날아오르니

바다가 보이는 길에서

나는 헛되이 내가 밟은 발자국을 찾으며 말한다.

"전에도 여기 왔고 분노했지.

이 죽음, 이 밤이 익숙해

내 것이니까.

이마에 그 무게를 달고 다녀서

나는 다른 사람들을 잊을 수 있어

눈앞이 희미해지면

흔적도 없는 안개 속에 잠들리라

달의 출몰을 두려워하는 안개 속에서."

하지만 사랑은 거품 한가운데

소금으로 그린 음모

이 심장과 저 심장을 쉴 새 없이

끌고 가야 한다.

이 짧은 포옹의 공범자와 함께
음모를 꾸며야 한다.
우리는 얼마나 의미 없이 가고 있는가.
사월과 희망의 고아들.
노래를 잃어버리고 영영 찾지 못하는 새처럼
주인이 누구인지, 어느 가지에 앉았는지
잊어버린 새처럼 바들바들 떠는 고아들.
마음을 졸이며
무無의 전야
갇힌 날개의 무게가 느껴지는 전야
길도 없이 완전한 공기 틈에서
거룩한 벼랑 끝에서
섬들은 영원히 좌초된다
변하지 않는 밤의 물과 함께.

  산다는 것은 자기 자신에게 그리고 다른 사람들에게도 "안녕"이라고 말하는 것 이상은 아니다. 그 작별인사와 함께 깊은 고독이 찾아온다. 고독의 유일한 음악도 그렇게 찾아온다. 그래서 우리는 그 음악을 못 들은 척한다. 제대로 전달되는 역사는 없다. 전달하려는 순간 우리가 이야기하고 싶은 부분들을 선택하기 때문이다. 귀를 기울이면 우리 안의 아주 은밀한 곳에서 어떤 목소리가 들려온다. "네가 어딜 가든 나는 너보다 한 발 앞서 갈 테야." 이것이 진정하고 유일한 벗이다. 죽음으로만 끝나는 단 하나의 벗.

고독한 자는 간혹 벗을 그리워한다. 비옥하기는 해도 금욕적이고 차가운 이 왕국에 들어오기 전에 알았던 친구를. 혹은 친구의 부재로 삶의 가면을 벗고 체념하게 된 바로 그 친구를.

무뚝뚝한 벗보다는 반항을 일으키는 고독이 더 낫다.

벗과 더불어 자유로울 수 있다. 어쩌면 혼자가 더 자유로울지 모른다. 발을 잡아당기는 사람도 손을 끌어당기는 사람도 귀를 잡아당기는 사람도 없으니. 더 고독하고 더 체념한다는 것은 더 독립적이 된다는 말이다. 구체적인 누군가에 소속되지 않고 각별히 좋아하는 것에서 조금 떨어져 있고 어느 하나를 선택하지 않고 더 너그러워진다. 하지만 자유는 공유할 수 있으며 고독과도 함께할 수 있다고 나는 생각한다. 비록 위험할지라도. 고독이 고독한 자의 목표가 아니라 운명이고 형벌이 될 수도 있는 순간이 도래한다. 모든 사람이 그 순간을 존중하지만 감히 그것과 삶을 한데 묶으려고 하지 않는다. 존경할 만한 친구이지만 아무도 그 친구를 끌어안지 않으며 그와 가까이 지내려고 하지 않는다. 고독한 공기가 그를 에워싼다. 의지도 더없이 뜨거운 욕구도 맞설 수 없는 부적격자.

고독한 자에게서 고독을 빼앗고 그 대가로 친구를 주지 않는 것만큼 나쁜 일도 없다.

고독한 사람과의 교감. 이는 나와 비슷한 친구들, 특히 버림받은 자들, 무시 당한 자들, 괴로운 자들, 우유부단한 자들, 자신과의 싸움을 끝내지 못한 자들과 내가 끊을 수 없는 인간적인 끈으로 연결되어 있다는 의미다. 하지만 또한 내가 혼자라는 의미다. 내가 고독을 보호하고 키우는 이유는 나와 가장 가까운 친구들 때문에 더 멀리 있는, 눈에 보이지 않는 다른 친구들을 잊지 않기 위해서다. 나의 사소한 불행 때문에 많은 사람들의 불행을 멀리하지 않기 위해서다. 그래서 나는 더 많은 사람에게 소속되기 위해 혼자 있다. 내 시간, 건강, 일을 통해서가 아니라 오직 내 글을 통해서 만나고 싶은 그런 사람들 말이다.

내게 익숙한 고독 속에서는 오직 내 목소리만이 울려 퍼진다. 나는 이것이 참 미안하다.

개들은 나의 소중한 가족이다.

고독한 자들에게 봄은 결코 좋은 계절이 아니다. 봄은 내게 없는 무언가를 너무 두드러지게 만든다. 내 주변의 모든 것이 겨울잠에서 깨어나 거리낌 없이 기지개를 켜고 애무를 하고 키스를 한다. 모두가 아름다운 광경을 이루는 구성원이 된다. 모두가 자기 자신이 여는 파티로 달려간다. 그들의 파티다. 하지만 고독한 자는 아무도 초대하지 않는다. 게다가 그는 어느 날 그 파티에서 나왔다. 하지만 언제 나왔는지, 어떻게 나왔는지, 또 왜 나왔는지는 모른다. 어느 날 오후, 주변을 살펴보고 아무도 없음을 깨닫는다. 그는 누구도 기다리지 않으며, 아무도 그를 기다리지 않는다. 술 취한 모습은 다른 사람의 눈살을 찌푸리게 한다. 어느 날 그는 술을 마셨고―언제나 혼자 있는 것은 아니다―술에 취했지만 마술 같은 숙취는 사라졌다. 가벼운 현기증만 남았다. 두통도 가슴의 통증도 거의 없다. 고독한 사람은 봄을 향해 열려 있는 창문을 닫는다. 그리고 자신에게로 들어간다. 은밀히 그를 에워쌌던 미모사의 노란 향기에서 멀어진다. 나르시스의 노란 우아함에서도, 히아신스에서도 멀어진다. 그는 고독을 추궁하는 친구들을 싫어한다. 기쁨에 넘치는 자들이 웃지 말라고 나무라는 소리도 싫다. 그는 자신에게로 돌아가 문을 단단히 걸어 잠근다…….

사랑이, 혼자 있지 않으려는

그 허무한 갈망이

내 심장을 파란색으로 물들이며

다가오면

그 손에서 탄생한 모든 존재가

불현듯 나를 습격한다.

무덤조차 될 수 없으나

내 무너진 은신처에서

오직 나만이 가련하고 춥다는 사실에

예기치 않은 분노가 터져 나온다.

다른 사람의 눈을 통해서는

아무것도 보고 싶지 않다.

야들야들한 허리나 보드라운 손에서도

반달 같은 입술, 부드러운 눈썹 아래서도

잠들고 싶지 않다.

나는 나이고 싶다

내 것이고 싶으며

내 주인이 되고

노예가 되어

내 안개 속에서 죽고 싶다.

내 아들이 될 수 있었던

내 피, 내 집, 내 혈통과

내 입 속의 여운이 될 수 있었던

그 사람들도 내 안개 속에서

죽었으면 좋겠다.

매일매일 석양이

스스로 저물어갔으면 좋겠다

공범자의 귀에

자신의 말을 쏟아내지 않은 채.

독신자들

때로는 부정적인 정의가 혼동을 일으키기도 한다. 결혼하지 않은 사람을 가리켜 독신자라고 한다. 하지만 요즘은 날이 갈수록 부부가 아닌 관계가 많이 생겨난다. 독신자들의 결합으로 인해 다양한 체험들을 했다. 독신자 single는 솔로 solo라는 말에서 비롯된 것이 아니라 어디에도 얽매이지 않는, 즉 자유 free에서 왔다. 요즘은 자유롭지 않은 독신자들을 자주 만나게 된다. 이미 안정적인 짝 ― 전통적인 의미건 아니건 그건 중요하지 않다 ― 을 이루고 있는 사람들. 반면에 짧은 결혼 생활 ― 역시 합법적이냐 아니냐는 중요하지 않다 ― 을 경험한 뒤에 다시 독신으로 돌아온 사람들도 있다. 상황은 아주 탄력적이다.

희곡은 언제나 혼인으로 끝나야 한다는, 지극히 경직된 부부 관계에 대한 병적인 열광은 두 가지 착각에서 비롯된다. 첫 번째, 성욕은 부부 관계에서만 충족시켜야 한다는 생각이다. (결혼을 하든지 불에 타 죽든지 둘 중 하나다. 최고의 유혹이며 그 유혹을 가라앉히는 가장 편리한 방법이다.) 두 번째, 독신자들—물론 독신 여성들을 포함해서—을 거느리고 있는 질 나쁜 언론들이 만들어내는 생각이다.

질 나쁜 언론 얘기를 하자면, 이런 언론은 이기주의나 강요로 인해 이른바 실패한 부부들에게 독신에 대한 생각을 갖게 해준다. 독신자는 그가 선호하지 않는 삶, 그 축제에 초대받은 손님이 아니다. 아니 자신을 열려고 하지 않고 공유하려고도 하지 않는 존재다. 독신자의 내면이 고통과 좌절로 가득할 때는 그런 인상이 틀리지 않다. 정해진 상대가 없고 그래서 언제든 문을 두드릴 수 있다는 점이 그들의 가치를 높여준다. 그들은 삶을 온통 풍성하게 밝히는 빨간 불을 켜고 달리는 빈 택시다. 기다리는 삶 그리고 보편적인 만남을 통해 환대가 곱절로 늘어나는—배가되는—삶. (물론 아주 위험한 삶이기도 하다. 모든 사람을 사랑한다는 것은 그 누구도 사랑하지 않는 것과 같기 때문이다.)

열정과 젊음, 재능 그리고 삶에 대한 번민은 독신자의 조건에 들어맞는다. 자유가 인생의 목표인 사람도 독신자의 조건을 갖추었다고 할 수 있다.

자신의 반쪽을 찾을 준비가 되어 있지 않은 사람들이 있다. 한 가지만 열심히 해서 그럴 수도 있고, 스스로가 완전한 오렌지라고 생각해서 그럴 수도 있다. 또 늘 한 가지 목적을 향해 가며 계획적인 삶을 사는 사람들은 그토록 완벽한 구조에 들어가려는 사람을 만나지 못한다.

이런 위험은 독신자들이 아니라 그들의 유능한 상대가 감수하기를 거부한다.

노처녀 노총각들이 여전히 독신인 이유가 사랑을 해본 적이 없어서인지 아니면 사랑을 할 수가 없어서 그랬는지 확실히 밝힐 수는 없다. 결혼한 사람들보다 더 훌륭한 소설의 주인공이었던 독신자들도 있다.

어제―그리고 많은 경우에 오늘 이 순간에도―는, 노총각은 완강한 이기주의자이며, 노처녀는 남편을 낚을 기회가 없어서 성녀聖女 아니면 원귀로 전락하는 불행한 사람이라고 생각했다. 사람들은 때로는 경멸하듯, 때로는 동정어린 말투로 이런 말들을 한다.

독수리의 소명을 가진 사람들이 늙은 암탉 노릇을 할 수는 없다. 아무리 하려고 해도 안 된다. 독신자가 되기 위해 태어나는 사람은 아무도 없다. 또 부부가 되기 위해 태어나는 사람도 없다. 각자 손수 자기 삶의 규칙을 적어야 한다. 이것은 예나 지금이나 변함없는 진실이다. 고독도 벗도 모두가 내 맘대로 되는 것은 아니다.

사랑의 수첩

사랑은 미지의 새로운 세상과 같다.
그 세상에서 당신은 아무런 보호막도 없이 벌거벗고 있다.
당신과 함께 있는 사람이 당신을 공격하지 않으리라는 유일한 희망을 품은 채로 말이다.
그리고 당신은 그 사람에게 무기를 주었다. 당신을 공격할 수 있는 유일한 무기를.

사랑

사랑의 정의

한풀 꺾인 벨벳의 잔인함도 아니고
백단향도, 노란 오팔도 아니며
칠월에 쏟아지는 빗줄기도
이국적인 새도
그리스 소년의 부드러운 심장도 아니고
능숙하게 날갯짓하는 잠자리도
궁전을 다스리는 왕의 고귀한 휘장도
거울 속에 숨어 있는 희뿌연 나라도
모르가나*가 출렁거리는
배를 지휘하는 바다도 아니며

매일 밤 새로운 기쁨을 주는

오렌지 꽃의 신비한 노래도 아니고

팔월의 햇살이 지독하게 내리쬐는

거대하고 둥근 유리琉璃 지붕도 아니고

애무의 손길을 더욱 바빠지게 만든

진한 포도주도 아니고

축축한 강가도

초원에 북적이는 축제도

햇빛에 반짝이는 연못도

매일 매일 피어나는 장미도 아니며

울새의 따사로운 보살핌도

버드나무의 보드라운 줄기를 붙잡고 있는

옛 달도 아니고

금은 세공 장식에서 반짝거리는

꿀벌들의 윙윙대는 소리도

황혼에 물든 보리밭의 휘파람 소리도

막 자른 나무의 향긋한 냄새도 아닌…….

001

 젊은 시절은 누구나 사랑하기에 좋은 때라고 하며, 봄은 사랑이 등장하는 계절이라고들 한다. 나는 그 말을 믿을 수 없다. 별자리의 방향

---

*아서 왕의 이부異父 누이로 마력의 소유자─옮긴이.

을 표시하고, 이 땅의 가장 작은 흐름까지도 지휘하는 당신, 후각의 복잡한 길로 개들을 안내하고, 눈에 보이지 않는 길고 긴 실로 나비들을 줄줄이 꿰는 당신, 무엇이든 아름답게 장식하여 유혹적으로 만들며, 즉흥적이고도 아름다운 결혼식을 계획하는 당신은 어느 한 사회에 어느 한 시간에 스스로를 가둘 수 없다. 그렇다고 낮의 동지도, 밤의 동지도 아니며, 빛의, 비의, 육체의 동지도, 영혼의 동지도 아니다. 당신은 이 모든 것이다. 삶이 당신에게 팔을 벌린다. 당신이 끌고 온 파도를 일으킨다. 달이 조수를 일으키듯. 그러면 당신은 파도의 부피를 구하고, 조류의 길이를 재고, 그 광휘를 측정하고, 그 푸른 길을 정렬한다. 당신은 힘 중의 힘. 당신으로 인해 왕이 통치를 하고, 포로들이 자신들을 묶은 쇠사슬에 입을 맞춘다. 당신은 세상을 떠받치고 있는 손이며, 이 세상이며 그 속에서 살아가는 눈먼 감각이다. 당신은 행복의 향 부스러기와 찝찔한 슬픔의 연못을 준비한다. 당신의 손길이 닿지 않는 곳에는 흐르지 않는 시간과 우울한 공허만이 남는다. 그래서 나는 당신이 나이를 먹고 좋아하는 계절이 있다고 믿지 않는다. 의외의 방법을 동원하는 당신. 당신은 시선이요, 책이요, 강이자 노래이며…… 머리 둘 달린 독수리다.

002
 사랑에 대한 정의는 많다. 예를 들면, 사랑은 완전한 결합을 열망하는 욕구다.

003

우리 모두는 절대적인 사랑에 마음이 쏠리면서도 그 장애물 경기에 참여하는 것을 두려워한다. 그 장애물을 뛰어넘을 수 없다고 생각한다. 사실 인간은 몹시 무뚝뚝한 감정과 간결한 어휘 목록을 가지고 있다. 그래서 사랑을 그토록 많은 이름으로 부르는가.

004

첫눈에 반하는 사랑(프랑스어로 coup de foudre)은 섬광이며 눈부신 빛이다. 사랑받을 수 있는 모든 존재 중에 오직 한 사람만이 두드러져 보인다. 오직 그 사람만이 앞으로 한 걸음 내디뎌 우리 앞에 서고 우리의 시선을 가슴에 간직한다. 이렇게 해서 관심이 생겨나고, 가능성을 점치게 된다. 실현될 수도, 실현되지 않을 수도 있으며 그의 발아래 넘어질 수도, 넘어지지 않을 수도 있다. 이 순간의 사랑은 감정이 아니라 충동일 뿐이다. 그리고 거기서 의지는 아무 역할도 하지 않는다. 이른바, 콩깍지가 씌웠으니까. (그러다 정신이 들면, 그 사랑이 단지 오래 머물 수 없다는 말을 하려고 다가왔다는 것을 깨닫게 된다. 그 게임에 의지가 들어가면 상사병이 생긴다. 이럴 때 의지는 두 가지 역할을 할 수 있다. 입에 재갈을 물고 손발이 묶인 채 몰두하거나 의식적으로 확고하게 몰두하거나.)

첫 번째 경우에, 자유는 스스로를 떨쳐버리게 하는 소임을 맡는다. 그렇게 사랑의 열정을 일깨운다(고통과 휴식이라는 이중적인 결과를 낳는다). 여기서 사랑하는 이는 자신의 열렬한 감정에 넋이 나가고(미치광이가 될 뿐만 아니라 자신을 희생한다는 의미에서, 정신이 나간),

변한다(다른 사람이 된다). 결국 사랑하는 이는 없다. 다른 사람이 되기를 간절히 원하기 때문에 그는 사라지고 만다. 그는 '나'라는 말을 할 수가 없다.

두 번째 경우에는 의지가 작용한다. 즉 "난 널 사랑해"라고 말한다. 확고한 '나'와 자신의 결심을 표현한다. 여기서 사랑은 이미 사랑하는 그 순간 우리를 완성시키는 일이다. 그렇기 때문에 이 사랑은 책임감이 있는 사랑이다. 눈이 멀지도 미치지도 않는다. 지식 같은 사랑일 뿐이다(파스칼은 "가슴은 이성이 모르는 이성을 가지고 있다"라고 말했다).

하지만 사랑은—충동이건, 감정이건, 의지에 찬 결심이건—이미 자기 안에서 나와서 실행에 옮기고 표현을 한다. 사랑을 표현하는 방식은 별로 변하지 않는다. 인간은 아주 간결한 어휘를 가지고 있다. 시선, 말, 애무. (플라톤적인 사랑은 제외하고) 그러고는 '섹스를 하다'로 끝이 난다.

사랑은 언어의 속임수다. 사랑은 결코 완성되지 않는다. 사랑은 끝이 없다. 언제나 '하는 중'이다. 사랑의 몸짓은 '가끔 하는 중'이다.

사랑을 사랑의 행위와 혼동하느니 차라리 종교를 토요일 축제와 혼동하라. 사랑은 욕망이 아니라 욕망이 태어나는 곳이다. 쾌락이 아니라 쾌락의 원천이다. 한 인간을 단순한 쾌락의 대상으로 만드느니 차라리 포로수용소를 만들어라. 사랑하는 사람과 내가 어울리는지 빨리 알고 싶어서 우물가에서 숭늉부터 내놓으라고 할 때가 있다. 얼마나 이기적인 행동인가. 밥도 먹기 전에 이쑤시개부터 달라니(식욕이 나겠는가). 게다가 기본을 무시한 잘못이다. 사랑을 할 때는 원래 대답을 들어야 할 필요가 없다. 비록 그것이 편리하더라도.

내가 쓴 극본 「잃어버린 좋은 아침」에 등장하는 한 인물은 이렇게 말한다. "우리끼리 사랑타령 하는 게 이상하지 않니? 웃길 거 같아. 사랑은 다른 사람들 얘기잖아. 중요한 사람들, 한가한 사람들 말이야. 우린 지금까지 함께 살 만큼 살았어." 1. 클레오파트라는 실수투성이다. 2. 사랑은 대화를 하지 않으며, 아예 말도 하지 않는다. 3. 웃음은 내가 알고 있는 가장 직접적이고 인간적인 접근 통로다. 4. 중요한 사람들은 사랑을 잘 하지 않으며 — 이미 자기 자신을 사랑하기 때문에 다른 감정이 비집고 들어올 틈이 없다 — 여유를 부릴 만한 시간이 거의 없다. '지금까지 함께 산다'는 것은 세상에서 보기 드문 사랑의 증표 가운데 하나다.

하지만 클레오파트라는 한 가지를 정확히 알아맞혔다. 사랑하기 위해서는 — 열중하게 하는 모든 일이 그렇듯이 — 시간이 필요하다는 것. (만약 사랑을 완벽한 길이라고 생각하고 "널 덮쳐서 끝내주겠어"로 이해했다면 삼십 분이면 충분하다. 이런 사랑이 생맥주 한 잔이나 위스키 반잔 정도의 값어치나 될까?)

005
처음에는 직감으로 시작한다. 다시 말해서 마음에 든다는 느낌이다. 그러다가 분명한 방식으로 애정을 느낀다. 그러고는 사랑하는데, 이때는 가슴이 강력하게 작용한다.

006
남자는 사회생활을 하면서 짝을 짓게 마련이다. "혼자 있는 것은 좋지 않다"라는 구절이 창세기 첫 부분에 나온다. 그리고 혼자 있지 않기 위해 온힘을 다해 싸운다. 자연은 각자에게 맞는 거친 무기를 제공하지만 그 누구에게도 영웅적인 행동을 강요하지 않는다. 남녀 간의 사랑(이런 사랑에는 분명한 목적이 있다. 결합. 고독에 대한 즉각적인 해결, 머리 둘 달린 독수리가 되는 것). 그리고 가장 이상적인 경우로 일정한 시간을 함께 겪어온 연인이 있다. 육체적인 매력처럼 생생한 사랑 — 충동적인 연인. 매력과 결합으로 이어지는 사랑 — 감정적인 연인. 동거로 발전하는 사랑 — 결심한 연인.

누군가 지나가면 우리는 더듬거리며 이렇게 말한다. "눈앞에서 반짝이는 이 빛은 얼마나 강렬한가, 하늘을 비추는 이 빛은 또 얼마나 아름다운가!" 이것이 첫 번째 단계다. 우리 모두는 사랑에 끌리며 사랑받을 능력이 있다. 변하는 것은 누가 사랑하고 누가 사랑받느냐이다. 불길한 사랑은 없다. 아니, 아주 드물다.

두 번째 단계는 흠모다. 좋아한 다음에는 애정을 느끼게 된다. 사랑에 빠진 다음에는 거기서 헤어나지 못한다. 첫눈에 반한 다음에는 기꺼이 기쁨에 넘치는 상처를 입고자 한다. 맹목적으로 덤빈 다음에는 위태위태하게 접근한다. 열정 — 휴식과 고통을 담고 있는 — 다음에는 적극적인 인식, 긍정, 선택이 이어진다.

애정을 느낀 다음에는 엄격한 의미를 가지고 사랑한다. 이것이 세 번째 단계다. "나는 당신을 사랑합니다." 여기서 나와 당신, 두 개의 인칭 대명사가 먼저 나온다. 이제는 공동 과제다. 엄숙하면서도 즐겁다. 신혼 방으로 들어간다. 일회적이고 모험적인 침대가 아니라 부부가 함께 사는 침대, 감정이 복잡해지고 동거가 시작되는 침대로. 사랑을 나누는 것과 행위를 혼동하는 장소가 아니라, 힘겨운 일이 있는 장소다. 의무를 다하기 위해 다른 사람—가장 가까운 사람—을 돕는 일. 우리가 의무를 다하도록 도와주는 일. 아니, 결코 끝나지 않는 일—건축가처럼 섹스를 하는 일—일 수도 있다. 휴전도 승리도 없이—패배 또한 없는—매일 새로 시작하는 싸움이다. 이따금 적수가 상대방이 되고, 가끔은 자기 자신이 되기도 하는 싸움. 익숙하지 않은 영혼의 가면과 맞닥뜨려서 싸워야 한다.

서로의 팔에 안겨 정신을 못 차리는 연인이 모습을 드러낸다. 이제 다 해결된 걸까? 고독과 동반이라는 위대한 전쟁에서 승리한 걸까? "둘이 한 몸을 이룰 것이라." 창세기는 말한다. 둘이면서 몸이 하나가 된다. 고독을 한 움큼씩 덜어내는 일이 시작된다. 고독은 사랑에 접목되는데, 이는 모든 일 중에서 최악의 일이다. 외롭다고 느낄 때 우리에게는 늘 희망이 남는다. 하지만 좋아하는 사람과 함께 있다고 느낄 때는 절망과 이제 더 이상 손 쓸 수 없다는 씁쓸함만이 남는다. 그래서 어둠이 그 차가운 모습으로 끼어들어 삼각관계를 만들지 않도록 싸워야 한다.

007

부부가 힘을 합쳐 삶을 개척한 시간은 헤아릴 수도 없을 정도다. 함께 사는 삶이 두 사람을 녹여 비슷하게 만들었다. 모가 난 데를 갈고 닦았다. 그래서 한쪽은 다른 한쪽이 되었다. 내 경우는 그렇지 않았다. 단칼에 모든 것이 깨졌다.

008

두려움—사랑하는 이를 잃는다는 두려움 혹은 사랑하는 이로 인해 공격을 받을 수 있다는 두려움—은 사랑과 동질체다. 부드럽게 지배하는 자는 자신이 치명적인 지배력을 행사하고 있다는 것을 안다. 그래서 믿고 두려워하지 않는다. (나는 찻잔의 받침 접시가 어떻게 교묘하게 뒤집혀 있는지를 관찰했다.) 힘으로 지배하는 자는 지배받는 자를 절실히 원한다. 지배받는 자는 지배하는 자에게 기쁨을 주며 자신도 모르게 노예로 길들여진다. 하지만 노예 역시 자신의 것이, 자신이 가진 유일한 것이 상처받을 수 있다고 생각하며, 살아남을 수 있는 방법을 본능적으로 준비한다. 이것은 사랑의 본능이기도 하다. 살아남지 않는다면 사랑도 없지 않은가. 사랑은 타락한다. 쾌락이 사랑을 삼키고 압도하고 또 스스로 쾌락에 몸을 맡기도록 하기 때문이다. 겉으로 보기에 사랑의 노예로 길들여진 사람은 운명적으로 상대의 요구를 만족시켜야 하며, 쾌락에 대한 욕구를 자제하고 또 억제하는 법을 배워야 한다.

009

사랑은 인간만의 전유물이 아니다. 이 세상의 모든 것이 결합을 위해, 융합을 위해, 공감을 얻기 위해 애를 쓴다. 이성적인 연인을 하나로 묶어주는 사랑은 '해와 별을 따라 움직이게 하는' 사랑과 같은 계통이다. 우리를 다른 사람으로 변화시키고 우리를 내주는—팔아먹는—사랑의 감정은 포유동물이나 새들이나 봄에 구애하는 곤충들이나 똑같이 느낀다. 그리고 꽃가루가 긴 여행을 하도록 부추기는 바로 그 감정과 같다. 인간은 엄격한 성性의 안마당—우리가 이끄는 것이 아니라 우리를 이끄는—에 복잡하고 투명하고 난해한 건물을 세웠다. 사랑의 건축물 말이다.

010

사랑은 떨림이며 두근거림이다. 헤이그의 시계 제조공인 스피노자—더없이 부드럽고 아주 박식한—는 "사랑은 떨림이며 신도 역시 떨림이다"라고 말했다. 인간이 발명한 것들 중에 사랑만큼 경이로운 것이 있을까. 성性과 아주 가까운 안마당에 발명한 것, 영원하면서도 너무나 허약하고, 웅장하면서도 아주 작은 건축물, 그것이 사랑이다. 그 어떤 동물도, 어떤 존재도, 어떤 천사도 발명하지 못한 것. 오직 인간만이, 인간만이 발명할 수 있다. 공격자이며, 독단가이며, 파괴자이며, 분열시키는 자—부자와 가난한 자를, 여자와 남자를, 산자와 죽은 자를—인 인간이 사랑과 음악을 발명하다니!

011

사랑은 우리가 생각할 수 있는 감정보다 훨씬 많은 것을 담고 있다. 악몽 가운데서도 순수하고 유일한 현실이다. 나머지는 단지 사랑이 만져주고 써주고 결코 완성되지 않을 성긴 천에 손—섬세한 손—을 닦을 때만 현실이 된다.

012

인간이건 아니건 모든 존재는 저마다 고유의 영혼을 가지고 있다.

존재의 본질, 그 존재를 감싸고 있는 껍질을 영혼이라고 부른다면 말이다. 모든 일에 협력하면 할수록 공동의 과제, 공동의 발전은 쉽게 달성된다. 어쩌면 우리는 우둔하여 우주의 영혼이 모든 존재를 모아 요약한다는 사실을 믿으려고 하지 않는지도 모른다. 모든 것이 우주의 영혼에서 나와 다시 그곳으로 돌아간다는 진실을 말이다. 그러는 동안 서로 대화를 나누고, 헤아리고, 모순을 극복하려 하고, 더하고, 모은다. 추측, 동정, 유혹, 행복도 다르지 않다. 사랑도.

013

자기 자신에 대한 사랑은 고독이 이루어낸 유익한 결과다. 자기도취나 우리를 감탄하게 하는 거짓 아름다움 — 정신적이건 육체적이건 — 을 말하는 것은 아니다. 자기애는 변덕도 무모한 모험도 아니다. 그저 가까이 다가가고 싶은 유혹을 느끼게 할 뿐. 우리 생각보다 심오하다. 사랑이 요구하는 만큼 요구하는 감정이며, 사랑이 주는 만큼 우리에게 주는 감정이다. 그 무엇보다 건강과 병, 가난과 부를 공유하는 피할 수 없는 긴 결혼 생활이다. 자기를 실현하고 성취하게 하는 사랑. 사랑의 밀물이 밀려오는 지점이며 바퀴의 축이며, 요동치지 않는 태풍의 눈이다. 자신을 사랑하고 싶어서가 아니라 — 선택의 여지가 없다 — 그것만이 타인에게로 가는 하나뿐인 길이라는 것을 알기 때문에 자기 자신을 사랑한다. 그것만이 자연과 일치하는 길이다. 그 운명은 바뀌지 않는다. 자기애는 어떤 계율로도 명령할 수 없다. 숨을 쉬라고 명령할 수 없듯이. 어떤 국가도 제도화할 수 없으며, 강제할 수 없다. 자기애는 그 무엇보다 우선하기 때문이다. 자기애는 바로 보존 본능이 완벽해진 모습이며 삶의 제일 명령이다.

014
모든 사랑은 시간에 의해 소멸된다. 자기애만이 사라지지 않는다. 사랑은 두 가지 법에 의해 지배를 받는다. 타인들을 사랑하는 법과 타인들이 우리를 사랑하도록 강요하지 않는 법. 젊은 시절에는 우리가 사랑을 하고 있다고 생각한다. 하지만 늙으면 누군가와 함께 있어야 사랑의 힘을 깨닫는다. (혼자 늙어가야만 하는 내가 관대해지는 것은 너무나 당연하다. 어쨌든 난파를 당했을 때 물속에 가라앉지 않게 해준 구명조끼는 내 자신에 대한 사랑이었다. 사랑의 상처는 가장 깊은 곳까지 생채기를 냈다. 오죽하면 그 상처에서 다시 풀이 나지 않을까. 내 상처를 아물게 하는 사랑은 왜 없는 걸까? 자기애는 사랑에 저항하는 가장 위험한 적이 아니며, 자기애 때문에 사랑이 자기 자신에게서 벗어나는 것도 아니며, 자존심이 센 것과 자기애는 다르다고 나는 믿는다.)

015
최초의 사제였던 히타 주교는 "사랑은 무식한 자를 우아하게 만들며, 벙어리를 유창하게 말하게 하며, 비겁한 자를 용감하게 만들며, 게으름뱅이를 부지런한 사람으로 만든다"라고 말했다. 타인에 대한 사랑만이 이런 기적을 만들어내는 걸까? 혼자서 하는 자기애는 이런 기적을 못 만드는 걸까? 그렇다면 어째서 사랑을 무절제한 자기애라고 하는 걸까? 여기까지는 자기애가 정당하고 여기서부터는 아니고, 여기까지는 적당하고, 여기서부터는 해롭다고 누가 선을 그을 수 있단 말인가? 타인에 대한 진정한 사랑은 자기 자신으로부터 시작하는 것이 아닌가? 자기 자신을 사랑하지 않으면서, 어떻게 다른 사람을 사랑하겠는가? 우리가 타인에게서 찾고자 하는 사랑은 결국 자기애가 반영된 사랑 아닐까? 바람직한 관계란 타인의 가슴을 인정하고 타인의 아름다움을 본받아 우리를 아름답게 꾸미는 방식이 아닐까?

016

 더러운 이기주의와 자기애는 다르다. 이기적인 사람은 다른 사람들을 자기 손에 넣기 위해 트집을 잡는다. 만약 누군가가 자신을 위해 당연한 불평등을 방어한다면, 냉소주의와 지성을 혼동한다면, 자기애건 타인에 대한 사랑이건, 그것은 사랑이 아니다. 그는 단지 혐오의 벌판을 뛰어넘어 사랑이 없는 광활한 벌판에 서 있을 뿐이다. 그런 벌판을 다니려면 조심해야 한다. 사랑의 벌판을 다닐 때도 마찬가지다. 생명을 주려고 탄생한 벌판이 생명을 앗아갈 때도 있다. 그리고 그 벌판은 우울증의 근원이기도 하다. 그곳은 사랑하는 대상을 잃어버리고, 증오와 사랑을 혼동하고, 사랑하는 이와 어긋나게 하는 힘이 돌아가는 곳이다. 우울증은 자존심을 상실했을 때 온다. 아니, 자기를 더 이상 사랑하지 않을 때 오는지도 모른다. 이는 불행의 원인이 되어 자기 자신을 공격하게 만든다.

017

 사랑할 때 자만은 금물이다. 우리는 땅을 딛고 서 있다. 나는 지금 눈을 멀게 하는 낭만적인 사랑에 대해 이야기하고 있는 것이 아니다. 진실한 감정, 살과 피로 이루어진 사랑에 대해 이야기하고 있다. 지금 길거리를 활보하고 있는 천사와 백조의 이야기가 아니다. 게다가 그것들은 웃기게 걷는데, 날개를 질근질근 밟고 뒤뚱거리다가 넘어진다. 나는 지금 발은 땅을 딛고 서서 머리는 별빛 찬란한 하늘을 향하는 사랑에 대해 이야기하고 있다. 진정한 사랑 말이다. 그리고 그 사랑은 물론 아주 충실한 사랑이다. 인간은 원래 일부일처의 존재라느니 일부다처의 존재라느니, 그런 주장을 하려는 것이 아니다. 하지만 적어도 우리가 살아가는 이 문화의 시대에 인간은 일부일처의 존재이며, 그것이 자연을 거스르는 제도라고 말할 수 없다. 나는 베네수엘라에 있는 카나이마 호수에서 푸른색 앵무새를 본 적이 있는데, 이 앵무새는 자기 짝을 빼앗기면 자살을 한다. 산비둘기도 마찬가지다.

018
사랑할 때는 목을 빳빳이 세울 필요가 없다. 사랑할 때 목은 두 가지 용도로 쓰인다. 키스와 눌러 조르는 용도. 그러니 으스대지 말라. 내가 가장 중요하다고, 내가 머리 꼭대기에 있다고, 내가 최고라고, 더 잘난 사람 있으면 나와 보라고 하지 말라. 얼마나 어리석은 일인가!

019
나는 마음이 물러, 관대해…… 사랑할 때는 이렇게 되어야 한다. 사랑할 때는 문을 열어주거나 시중을 드는 일 사이에서 주저할 필요가 없다. 사랑한다면 반지가 필요 없다고 생각해서는 안 된다.

020

사랑은 죽음과 맞선 삶이다. 쓸데없는 고통, 환상이 깨지는 노년, 만회할 수 없는 쇠잔함, 망가진, 아니 망가진 것처럼 보이는 세상과 맞선 삶이다. 사랑은 다 똑같다. 우리의 삶, 평온, 불행, 불면 날아갈 것 같은 행복, 또 그 행복을 잃어버릴지도 모른다는 두려움, 실망, 실망 가운데 피어나는 희망, 충만, 허무에 짓눌린 나날들 속에서도 느껴야 하는 감정, 그것이 바로 사랑이다. 사랑은 살아 있으며, 또 죽어가고 있는 공범자를 찾는 일이다.

021

자기 수련과 수행이 뒤따르는 사랑. 사랑에는 자기 수련과 수행이 뒤따른다. 사랑이 우리 가슴속 저 깊은 곳과 끈끈한 관계를 맺고 있다는 사실을 잊어버린 이 사회에서 마지막으로 부를 이름, 그것은 사랑이다.

022

사랑은 말로, 세월로, 행복으로 측정할 수가 없다. 사랑은 이런 것들과 다르다. 삶으로도 측정할 수 없다. 사랑은 측정할 수가 없다.

023

사랑은 미덕이 아니다. 사랑은 모든 미덕을 초월한다.

024
사랑은 매일 아침 일찍 시작해야 하는 일이다. 안 그러면, 활력이 조금씩 사라진다.

025
나에게, 그리고 늙은 아버지 셰익스피어에게 사랑은 일이다. 잃어버린 일이다. 한 사람이 만족하고 실현하도록 도와주는 일이다. 그러면서 동시에 우리 자신도 만족하고 실현할 수 있다.

026
사랑. 두 존재가 만나 서로 바라보는 것만으로 충분하다. 메뚜기건, 거북이건, 미장이건 다 똑같다. 그것이 사랑의 본질이다.

027
결코 죽지 않는 본능이 부끄러워 얼굴을 가리면 그것 또한 사랑이다.

028
이유는 잘 모르겠지만 개들의 행위는 사랑이라고 하지 않고 인간의 것만 사랑이라고 한다. 몹시 지겨운 개념들과 사랑을 뒤섞어서 그런지도 모른다. 그 이유는 분명하다. 사랑은 애매하고 복잡하고 다양한 모습을 하고 있다. 비탄에 빠진 자와 미친 자에게 필요한 것도 사랑이다. 잠시 장님이 될 수도 있다고? 그래서 끌려 다니고 동요하고 곤경에 빠질 수도 있다고? 그것이 사랑이다. 정착과 안정을 대가로 젊음과 아름다음을 팔아넘길 수 있다고? 사랑이다. 사랑은 모든 것을 다 가능하게 한다. 나는 부인하지 않는다. 나는 공작들 앞에서 자신이 플라톤적인 사랑의 연인임을 증명했던 돈키호테처럼 그렇게 엄격하지 않다. 그리고 나는 플라톤도 밤이 되면 이불 속에서 카르미데스의 엉덩이를 꼬집었을 거라고 확신한다.

그렇다면 사랑이란 무엇인가? 매력 ― 언제나 성적 매력은 아닌 ― 경우에 따라서 끌리는 ― 연인 간의 ― 언제나 이성은 아닌 ― 결국 섹스로 끝나는 ― 아니 섹스로 시작되는 것.

029

사랑은 뇌에서 활성화된 생화학 물질로 인해 성적으로 흥분한 상태를 말한다. 내 인생에서 계속 나타나는 사랑, 나를 미소 짓게 만드는 사랑은 바로 이런 것이었다. 많은 연구를 통해 엔도르핀과 도파민 같은 구체적인 뇌신경 물질이 밝혀졌다. 이런 물질들이 열정과 연모 상태로 빠져드는 데 가장 중요한 역할을 한다. 피부보다, 반짝이는 눈동자보다, 살짝 깨무는 입술보다 더.

030

사랑은 성에 좌우되지 않는다. 오히려 몸 전체에 좌우되며, 몸을 태우고 지탱하는 지성에 영향을 받는다. 사랑은 사회적인 윤리를 초월하며, 비겁함과 비열함을 뛰어넘는다. 사랑은 사랑을 느끼는 존재의 수만큼이나 종류가 많다. 사랑은 각자의 손으로 자기만의 필체로 기준도 없이 쓰는 글이다. 사랑이 오직 생식만을 추구한다고 생각하는 많은 사람 때문에 사랑은 반사회적이고 반사교적인 것이 된다. 사랑은 성숙해지고 완전해지기를 원한다. 성은 저마다 가지고 있는 길 중에서 하나의 길일 뿐이다. 물론 다른 길도 있다. 하지만 그 어느 길도 통제될 수 없다. 눈동자 색깔이나, 옛 중국의 전족처럼 발 크기를 규정하거나 강요할 수 없듯이…….

031
가슴 깊은 곳에서 터져 나온 사랑은 모두 진정한 사랑이다. 이 사랑으로 인해 모든 성벽이 무너지고, 모든 편견이 사라지며, 모든 방어벽이 허물어지고, 어두운 인생이 열린 도시로, 자유로운 도시로, 낮과 밤에도 태양이 찬란한 도시로 변한다.

032
사랑은 모든 모순을 뛰어넘는다. 전통적인 표현 방식들을 뛰어넘는다. 그 어떤 사랑의 방식도 존중되어야 한다. 어느 하나 정상이 아닌 것이 없기 때문이다. 그 어떤 연인도 정도를 벗어났다거나 잘못을 저질렀다고 느끼지 않는다. 공유하건 공유하지 않건 타인의 자유를 존중하는 한 그 어떤 사랑도 다 사랑이다.

033
밤에도 태양이 있다. 보이지 않을 뿐. 사랑도 마찬가지라고 생각한다.

034
사랑은 회복된 희망이며, 일상의 죽음이며, 부활이다.

035
사랑은 순결한 형식이며 경탄하는 능력이다. 그것이 아니라면 사랑은 아무것도 아니다. 사랑은 신비한 상태에 머물러야 한다. 그리고 술에 취한 상태로 있어야 한다.

036
사랑은 미지의 새로운 세상과 같다. 그 세상에서 당신은 아무런 보호막도 없이 벌거벗고 있다. 당신과 함께 있는 사람이 당신을 공격하지 않으리라는 유일한 희망을 품은 채로 말이다. 그리고 당신은 그 사람에게 무기를 주었다. 당신을 공격할 수 있는 유일한 무기를. 사랑은 두려움과 기쁨 사이에서 가장 직접적인 형태가 되어야 한다.

037
사랑은 외모, 혈색, 몸, 목소리 혹은 미소와 아무 관계가 없다. 물론 이런 것들도 사랑에 포함된다. 무엇보다 사랑은 매번 새로운 기적을 일으킨다. 살아남는 기적이 아니라 살아가는 기적을. 조각상에 생명을 불어넣는 기적만 빼고 다른 기적들은 다시 불러낼 수 있다. 그래서 연인들은 언제나 자신들이 사랑했던 시간을 사랑한다. 연인들은 죽은 자들처럼 자신들이 살아온 추억을 간직한다. 이미 지나간 현실을 그리워한다. 그러나 그것은 결코 예전의 현실이 아니다. 삶과 사랑은 오직 한

번뿐이기 때문이다.

038
사랑하려면 떠들썩한 소동을 견뎌야 한다. 우리는 그 소동을 삶이라고 한다. 사랑이 스치고 지나갈 때만 현실이 되는 소동 말이다. 미다스 왕은 황금의 왕이 아니라 존재의 왕이다.

039
내 가슴은 말로 다 표현할 수 없는 공포를 느낀다. "삶과 사랑은 함께 지나간다. 삶과 사랑은 하나이며 치명적인 병이다"라고 반복하는 은밀한 아침 노래가 있다. 사춘기 때부터 계속 들어 온 이야기다. 죽음으로 끝나지 않는 치명적인 병.

> 곱향나무 태우는 냄새
> 약속의 땅 냄새가 나는 오후.
> 바다 가까이, "어서 와"라고 말하는
> 목소리가 있는 오후.
> 아직도 우리에게 타인을 잊지 않게 하는
> 무언가가 있지.
> 사랑하다, 타동사.
> 이리 새끼의 작은 발톱을 품었든
> 그저 희망을 품었든
> 아직 그 순간은 오지 않았지.

즉흥적으로 출발할 수는 없어.
늘어난 활력의 끝에서
신중한 핏줄기 끝에서
이삭이 돋기 때문이지
땅에 묻은 씨에서.

바다가 닿는
바다의 노랫소리가 들리는
긴 오후에는
죽기 위해 눈을 감는 것만으로 족해.
저 아래에서 부르는 소리가 들려오고
미래의 모습이 무너져 내리지
오직 달콤함만이 남아 있는 곳에서.
하지만 우리는 아직 시간을 기다려.
더 많은 입술을, 더 많은 손길을
또 다른 사랑을.
삶과 사랑은 함께 지나가기 때문에
아니 삶은, 사랑은 치명적인
병이기 때문에.

이 세상의 뜨거운 기쁨 사이에서
무언가 사라지고 있다는 것을 깨닫는
일요일 오후

그리고 풀 위에 눕는 오후에

머리는 죽음을 그리는 냉담한 수필일 뿐.

무엇이든 좋으며

모든 것이 제자리에 있으며

흔들리지 않는 기쁨으로 인해

화창한 사월이 우리에게

쏟아져 들어오지.

별들은 이별하기 위해

우리에게 돌아오고

땅은 정확한 구멍을 준비하고

바다의 파란 맥박을 느끼지.

"이것은 저것이었다"

망각은 정성스럽게

그 헛된 일을 시작하고.

불현듯이

어떤 입이 우리 입을 찾고

어떤 손이 우리 손을 누르고

그리고 다정한 목소리

"일어나, 나 여기 있어, 일어나."

우리는 살아가지.

040

열광의 증인이 된다는 것은 좋은 일이다. 기쁨을 주고받는 것은 삶을 현혹하는 쇼다. 사랑은 어떤 형태건 언제나 질투를 일으키는 일이다. 사랑을 즐기는 자는 그것을 모른다. 이따금 그런 이에게조차 사랑은 십자가다.

041

삶은 그 자체만으로는 아무 의미가 없다. 단지 살아가는 일일 뿐. 그 의미는 오직 우리가 부여할 수 있다. 알파벳처럼. 사랑도 마찬가지다.

042

사랑이, 행복을 향한 욕망이 삶을 지배한다. 사랑은 도그마Dogma보다 노련한 경험으로 삶을 지배한다. 그 도그마의 명목으로 얼마나 많은 사람들이 죽었으며 또 죽을 것인가.

043

사랑의 반대는 죽음이 아니라 전쟁이다. 전쟁은 타인들과 그들의 사랑에 대한 무지와 경멸을 의미한다. 전쟁은 자신이 우월하다고 믿는 사람들의 이기주의와 자만을 의미한다.

044

전쟁이 다 사랑의 전쟁이면 오죽 좋을까. 내 고향 친구인 곤고라는 이렇게 말했다. "사랑의 전쟁터로, 깃털의 들판으로." 몹시 뻔뻔스러운 그가 가리키는 것은 침대였다. 사랑은 모두가 약간의 전리품을 챙기고 이기는 전쟁이다. 희생자도 있고, 패배자도 있고, 승리자도 있지만, 결국은 모두가 이긴다.

045
사랑만이 진정으로 어둠을 비출 수 있는 유일한 빛이다.

046
사랑은 잡아당기면 총알이 튕겨 나가는 새총이 아니다. 사랑의 빛은 점점 퍼져나간다.

047
공허한 눈동자를 지닌 사랑을 좋아하는 나이가 있고, 우울한 사랑을 좋아하는 나이가 있다.

048
애인을 "나의 인생"이라고 부르는 소리를 종종 듣는다. "당신 없이는 못 살아"라고 말한다고 해서 점수를 더 받는 것은 아니다. 사랑은 대형 맨션이다. 그 맨션에는 방이 많다. 아마도 각 방마다 느낌이 다르지 않을까.

049
사랑은 우리 자신과 별반 다르지 않다. 사랑한다는 것은 우리 자신을 발산하는 일이며 어디선가 혹은 누구에게로 가서 휴식을 취해야 하는 응급상황이다. 기나긴 고속도로를 달리다가 하룻밤을 보내기 위해 모텔에 묵을 때가 있다. 어떤 때는 단 하룻밤만 묵기 위해 모텔에 들어간다. 또 어떤 때는 일행들과 계속 길을 가기도 한다. "어쩌면 혼자 쉬는 게 더 편했을지도 몰라." 누군가는 이렇게 말한다. "모텔을 잘못 골랐나?" 누군가는 또 이렇게 말한다. 그러나 휴식과 착각과 동행은 이미 그들 마음속에 있었다. 선택의 문제일까? 아니면 위험을 감수하느냐 마느냐 하는 문제일까? 사랑이 뽑힐지는 잘 모르겠다. 하지만 가장 중요한 것은 길이다. 그 길을 어떻게 가느냐는 개인적인 문제다.

050
사랑이 빛과 기쁨이 들어오는 열린 창문이 아니라면, 그 사랑은 아무것도 아니다. 사랑이 살아가는 데 아무 소용이 되지 않는다면, 그 사랑은 아무것도 아니다. 삶이 우리에게 주는 슬픔을 사랑이 위로하지 않고, 오히려 슬픔을 더한다면 그 사랑은 아무것도 아니다. 아무것도 아닌 것보다 더 아무것도 아니다. 만약 우리가 사랑이라는 이름으로 한 사람을 파멸시키고 괴롭히고 있다면 더 이상 곁에 있어 달라고 요구해서는 안 된다.

> *숨을 들이쉴 때*
> *공기는 사랑.*
> *밤에 꿈을 꿀 때*
> *항해하는 꿈은 사랑.*

> 이윽고 잠에서 깨어
> 당신이 받는 입맞춤은 사랑이리라.

051

내게는 늘 천사가 사랑이었다.

052

노트르담 성당의 뒤쪽으로 가면 천사를 두 팔로 안고 있는 악마의 동상이 있다. 그 천사는 악마의 팔에 몸을 맡기고 있다. 이 천사와 악마 뒤로 더 높은 곳에는 전사戰士가 그들을 감시하고 있다. 이 전사의 시선이 천사와 악마를 하나로 묶어준다. 이것이 바로 사랑이다.

> 사랑은 어린아이.
> 태어날 때는
> 아주 조금만 먹어도
> 배가 부르지만
> 더 크면
> 아이를 배불리 먹일
> 빵집이 없다네.

053

사랑 앞에서 우리 모두는 주머니 속에 든 잔돈이 된다. 우리는 편하게 가지고 다닐 수 있는 문고판 책과 같은 사랑을 한다.

054
사랑은 자유와 장애물을 필요로 한다. 사랑은 관습에 도전한다. 반집단적이고 반사회적이다. 그러니 별로 유용하지 않다. 이 최고의 다이아몬드는 허공에서 빛나고 있으며 온갖 불안과 변화와 흐름에 고스란히 노출되어 있다.

055
나는 사회가 사랑과 자유의 이분법에 대한 책임을 져야 한다고 생각한다. 즉 사랑은 완전한 자유로 표현되지 않으며 자유는 사랑이 아니라는 이분법 말이다. 자유는 공격이라고 우리에게 가르쳐준 사회가 그 책임을 져야 한다. 반대로 사랑은 사회에서 자유롭지 않으며, 언제나 제약을 받고, 통제를 받고, 사회적 위생과 편의에 이끌려간다. 사회에 적합한 사랑은 점잖고, 건전하고, 아이들을 책임지는 사랑이다. 술을 금지하거나 선모충의 위험에 대비해 돼지고기를 금지하는 다른 종교에서처럼, 여기서 자유로운 사랑은 위험하다.

056
또 사랑은 예언자다. 절대 눈이 멀지 않는다. 영성靈性에 잠겨 있을 때에는 더더욱 그렇다.

057
사랑은 이 땅과 하늘에서 유일한 철학이다. 유일하게 탐이 나는…….

머리 둘 달린 독수리 한 마리가

빠르게 공중을 맴돈다.

허공을 맴돌다 자기 자신에게로

고꾸라져 떨어진다.

그 날개가 온 하늘을 가리고

투명한 하늘이 그를 뒤흔들고

길을 열어준다.

이중 부리와 사각의 눈길이

햇살에 빛나고

단 하나의 심장이

그를 끌어올리고 지탱한다.

모든 것이 그의 안에 있다.

그가 통치한다.

그가 스핑크스의 수수께끼를 풀고

헝클어진 운명의 머리카락을 풀며

광명으로 밤과 대적하고

가파른 산맥을 오른다.

사랑은 머리 둘 달린 독수리

우리 심장은 그의 심장.

그는 지구의 표면을 바라본다.

"전부 나의 것이다."

우물 그리고

"서리가 내리는 내일, 아니 오늘 밤

물을 마실 수 있으리."
그는 언덕을 바라보며
완만한 경사에 만족한다.
노예에게 상처를 입히면
고분고분한 피가 솟는다.
"전부 나의 것이다." 그가 되뇐다.
"나의 꿈. 그건 또 다른 나다."

어느 날 카이사르는 제비를 뽑아 연인을 정하고
대명사를 구분하는 강을 건너면서
자신을 잃어버린다.
"우리는 하나가 되리라." 그리고 물은
여전히 바다의 부름을 좇는다
물길이 양쪽 강둑 사이를 흐르듯이.

사랑은 동전이며, 그 뒷면에는
어떤 상像도 허락하지 않으며
연인들의 목마름 사이로
유일무이한 자가 도주를 한다.(카이사르와 무無)
흰 비둘기는 삼나무의 가장 높은
줄기에 둥지를 튼다. ("전부 나의 것이다")
물은 결코 오지 않는다.
언제나 흐르고 흘러

색깔과 형태 너머로 사라진다.
거울의 맞은편에 선 채
열중하여 말문이 막힌 연인을 비추면서.
자신의 상처를 끌어안은 채("상처를 주면 피가 솟는다")
붉고 완강한 허물이
사라지는 모습을 본다. 조용해지기.
그것이 죽음이다.

전에는 우리가 하나였으며
모든 것이 하나이기를 원했다.
요새와 국경에 여덟 번째 베일이 내려지면
이 육체
저항을 포기한 육체는 무릎을 꿇는다.
또 십이월의 저편에서
잠에 빠진 뱀이 허물을 벗는다.
카이사르는 돌아갈 날을 애타게 기다리며
삼월의 보름을 찾아 쉬지 않고 걷는다.
(물은 가고, 피는 온다)
영웅은 구더기다.
강림절이 오기 전에
숲에서 피어나는 봄과 함께 결혼한다.
삼월의 중순에는 마지막 심장에
은신처가 있으며

그곳에서 아직 태어나지 않은 사월이
꽃 속에 살아 있다.
그리고 개똥지빠귀가
떨리는 목소리로 노래한다.
거기서 카이사르가 묻는다.
"내가 누구였더라?"
그리고 미소 짓는다.

058
　사랑은 욕구다. 사랑을 갈망하지 않는 욕구는 그저 단순한 욕구에 지나지 않는다. 물을 마시고 싶은 욕구와 다르지 않다. 사랑은 다른 사람과 하나가 되고 싶은, 영원히 하나가 되기를 원하는 욕구다. 사랑은 융합이다. 그러므로 융합은 다른 사람에게 속하고 싶은 혼란스런 욕구, 다른 사람과 하나가 되려는 욕구에서 비롯되지 않으면 이루어질 수 없다. "둘이 한 몸을 이룰 것이라." 창세기는 말한다. 여전히 두 사람이면서 한 사람. '나'와 '너'가 아니라 '우리'.

059
　'나는 너를 사랑해'라는 말을 하려면 먼저 '나'라고 말해야 한다. 그런데 '나'라는 주어는 자주 생략된다.

060
　사랑에는 세 개의 영역이 있다. 너, 나 그리고 우리. 너와 나는 의식적으로 분리되어 있어야 한다. 이들이 융합하면 모든 것이 뒤죽박죽된다. 같이 산다는 것은 밀치락달치락하며 몰려드는 일이 결코 아니다.

061
사랑의 결합은 나와 너가 서로를 확인하는 일이다. 그 어떤 대명사도 없어지지 않는다. 오히려 더 강조된다. 나, 너, 우리, 너희. 그리고 그런 완벽한 결합은 그 무엇도 배제하지 않는다. 이 짧은 밤—짧지만 결코 끝나지 않는—의 구애는 개성을 떼어내지 않고 오히려 강조하고 충동질한다. 충동을 불러일으킨 두 사람의 개성이며 동시에 그들 주변에서 공존하는 사람들의 개성 말이다. 그런 사랑만이 우주의 동력이라 할 수 있다. 하지만 연인들을 위한 날인 2월 14일에는 이런 생각을 사랑이라 부르지 않을까 겁이 난다.

062
사랑이 이 세상을 눈동자 크기로 축소시켜서는 안 된다. 사랑하는 사람을 통해 이 세상을 사랑하게 된다. 사랑하는 사람이 살고 있기 때문에 이 세상을 좋게 만든다. 사랑은 이 세상을 어김없이 비추는 빛이다. 그 사랑에는 너와 나와 우리뿐만 아니라 그들도 들어 있다. 그들이 없으면 사랑은 자기만 아는 일화로 사라질 뿐이다.

063
사랑은 강처럼 양쪽에 둑을 필요로 한다.

음악이 우리와 함께 있으니
아직 우리가 같이 걷지 않을 때에도
나와 함께 그리고 네 곁에서
날아다녔지.
존재하기 전에도
허공에 있었으니
음악은 우리 안에서 나오는 것.
혹시 사랑이 아닐까
모든 것의 이전과 모든 것의 이후에.

아무래도 당신을 사랑해
그리고 음악은 그것을 노래하리.
당신을 사랑해, 음악은 노래하고
나는 그렇게 생각하리.
허공에 허공에 천사들의 하늘에
나는 당신에게 결코 말하지 않으리
그리고 어제 당신은 대답했지
내 음악을, 내 침묵을 들어봐요…….

오후가 되면
나는 음악과 함께 죽고, 영원히 살리라.
그러니 떠나라……
그러니 떠나지 마라

이 고통은 어쩔 수 없는 것

고통이 없다면 내가 살아 있음을 어찌 알까.

내가 죽고 있음을

내 손이 당신을 찾고 있음을

내가 없는, 이미 잠든 내 몸이

당신을 찾아 헤매고 있음을

어찌 알까.

나의 비둘기

나는 당신의 둥지가 아니라오.

하지만 당신은

나의 둥지, 나의 사랑, 나의 비둘기.

어느 장미꽃에게 누가

"안 돼"라고 말할 수 있을까?

064

나는 그것을 느꼈다. 그리고 그것이 무엇인지 알고 있다. 나머지 모든 것을 배제한 채, 한 오라기의 실처럼 걸려 있는 사람들의 그 친밀한 느낌. 상대방의 거울에서 서로를 찾는 이기심으로 만족하는 사람들의 그 친밀한 느낌. 초보자들의 사랑. 우리를 '너'와 '나'로 작게 축소하는 사랑. 넓디넓은 이 세상을 서로 마주보고 앉아 있는 의자로 축소하는 사랑. 사랑이라는 거대한 공간이 쿠션 두 개와 커피 두 잔이 겨우 들어가는 공간으로 줄어들었다고 믿는 사랑 말이다. 그것은 사랑이 아니라 탐욕이다.

065
한 사람에게 치우치는 편애는 나쁜 결과를 많이 가져다주었다.

066
사랑을 한다는 것은 두 거지가 서로에게 자선을 구걸하는 일이 아니라, 부유한 두 사람이 자신의 재산을 공유하기로 결심하는 것이다. 그리고 각 사람은 상대방을 위한 선물이며, 서로에게 주어진 선물에 고마워해야 한다. 그 누구도 사랑하는 사람을 지배해서는 안 된다. 두 사람 모두 독립적인 존재여야 사랑이 가능하다. 사랑은 빠지는 것이 아니라 그냥 사랑하는 것이기 때문이다. 누구에게나 마찬가지다. 향기를 맡는 사람이 아무도 없을 때에도 스스로 향기를 내뿜는 꽃이어야 한다.

067
동거는 얼마나 어려운 실험인가. 함께 살아야 하는 공간이 작을수록 훨씬 더 어렵다.

068
사랑을 실험할 필요가 없다. 동거는 아주 중요한 다리다. 사랑을 완성하기 위한 고결한 길이다. 그 길이 없으면 사랑이 완전해지지 않는다.

069

사랑은 단지 동행만이 아니라, 길 자체이며, 걷고 싶은 욕구이며, 잠시 앉아서 구름이 흐르는 모습을 보고 싶어 하는 바람이다.

070

동행을 하면 공통의 목적을 달성하기 위한 두 사람 혹은 더 많은 사람이 한데 묶인다.

071

스물두 살 청년이 쉰 살 먹은 사람을 이해하는 것. 이것이 사랑일지도 모른다.

072

두 사람이 같이 어느 한 곳을 바라보면 하나가 되었다는 느낌이 더 커진다. 마주보고 있는 것보다 훨씬 더 강렬한 느낌이 든다.

073

사랑은 더 비밀스럽고 더 친밀하게 대화하는 방식이다. 말로는 표현할 수 없는 무언가를 표현하는 방식이다. 어느 한 쪽이 튀는 일 없이 조용하고 편안하고 느릿한 공감이다.

074

사랑은 어렵다. 자기 자신을 잊어야 하고, 동시에 여전히 자기 자신이어야 한다. 한 번도 아니고 매번 자신을 잊어야 하다니…….

> 음악과 춤은
> 기도하는 방식이며
> 즐거워하는 재능을 기뻐하는 방식이며
> 오늘을 함께 살아가는 방식이다.

075
두 사람 사이에 외부의 공격과 파괴적인 유혹과 어느 한 쪽의 일방적인 내부의 공격에 대비해 튼튼한 요새를 쌓았는지 늘 확인했으면 좋겠다. 그러나 '영원한 빛 아래'서 시작한 사랑이 오래가는 경우는 얼마나 찾아보기 힘든가.

076
신혼 방에서 모든 연인은 자신들의 과거와 미래를 털어놓는다. 미래는 공유하는 것이 불투명하지만 과거는 불투명하지 않다. 그리고 상대방을 완전히 끌어안아야 한다. 우리와 상관없는 것이 비집고 들어오는 틈을 남기지 말아야 한다. 그 고백에는 유년시절이 나타나며, 우유부단한 청년시절 ─ 우리를 기다리고 있었는지 모르지만 우리가 결코 들어갈 수 없었던 ─ 거만한 아버지들, 태만한 어머니들, 오이디푸스와 엘렉트라, 앙숙인 형제들, 고통스러웠던 순간들, 어느 화려한 날의 찬란한 냄새, 그 누구라도 감추고 잊고 싶은 쓰레기통이 모습을 드러낸다. 또 이전의 고독 ─ 사랑이 추방하지 못해서 배로 불어난 고독 ─ 이 등장한다. 사랑받는 사람에게는 이 고독을 숨겨야 한다. 그래야 그의 몸 위에서, 같이 쓰는 베개 위에서 외롭다고 느끼지 않는다. (나는 어느 늙은 부부를 알고 있는데, 아주 점잖은 사람들이다. 그들은 식사도 같이 하고 잠도 같이 자면서 같이 산다. 그런데 말은 한마디도 하지 않는다. 심한 충격을 받았거나 화가 났기 때문이 아니다. 단지 할 말이 없기 때문이다. 그들 사이에서 고독은 심연처럼 깊디깊었다.)

결혼한 부부의 진정한 모습을 알아보고자 할 때 — 겉으로 보이는 모습이 아니라 — 우리 자신을 모르는 상태에서 혹은 변장한 채로 — 어떤 때는 일부러, 어떤 때는 무의식적으로 — 결혼한 부부를 향해 다가갈 때, 나 자신도 진짜가 되어 상대방의 진짜 모습 — 이 역시 어떤 때는 일부러 감추고, 또 어떤 때는 무의식적으로 감추는 — 을 만나고 싶은 마음이 간절할 때, 그 부부는 이미 두 사람이 아니라 고독을 몰아내기는커녕 오히려 부풀리는 군중으로 변해 있다.

그때부터는 양면이 칼날인 두 개의 무기가 펼쳐진다. 그들은 적이 될 수도 있고 친구가 될 수도 있다. 섹스(섹스가 섹스 자체로 끝나면 가면을 쓰거나 뒤로 미룬다)와 자녀들(경우에 따라서 부부를 갈라놓거나 이어주며, 성장해 떠나면서 빈방을 남기고 그 방에서 부부는 다시금 침묵에 빠지고 시끄러운 집에서는 하지 않던 끔찍한 게임에 빠져 괴로워한다)이 바로 그 무기다. 이 혼란스러운 무기는 내면의 고독과 싸움을 벌인다. 이 무기와는 달리 언제나 고독과 협력하는 진짜 적병이 있다. 프로크루스테스(고대 그리스의 강도. 잡은 사람을 쇠 침대에 눕히고 침대에 맞게 키 큰 사람은 다리를 자르고, 작은 사람은 잡아 늘였다고 함—옮긴이)의 침대처럼 이 적병은 키와 생김새를 억지로 현실에 뜯어 맞추듯 사랑도 미리 짜놓은 이상에 맞추지 못해 안달한다. 하지만 부부의 진짜 친구도 있다. 이해와 관용, 지칠 줄 모르는 탐구심, 너그럽게 가면을 벗는 일, 용서와 화해, 상대와 자신을 신뢰하기 등. 다시 말해 덮어주고 쓰다듬어주는 사람이 되어야 한다. 나는 이런 경지에 도달한 부부를 만나본 적은 없지만 그러기 위해 노력하는 부부는 많이 알고 있다. 이보다 가치 있는 일은 없다. 동행의 기적 ― 사랑의 기적 ― 은 삶이 끝날 때까지 그치지 않는다.

077
나는 사랑을 감정의 교감, 동행, 공감, 동질감으로 승화시킨 행운의 주인공이 많을 거라고 생각한다. 동질감을 느끼려면 상대방 속으로 들어가야 한다. 이것은 경이이며 이렇게 해야만이 사랑의 기적을 달성할 수 있다. 사랑은 기적이다.

078
두 사람만의 굉장한 낙원에 들어간 사람. 그런 사람을 어떻게 불러내 낙원 밖에 있는 것들을 경험하라 하겠는가?

079
지적인 면을 바라지 않고 말없이 시선을 나누는 데 만족하는 사랑은 환상적이면서도 지극히 현실적이다. 관통이 아니라 교감을 추구하는 사랑이다. 공존의 분명한 몸짓이요 공감이다.

080

사랑은 종종 우리를 혼란스럽게 한다. 우리는 누군가를 '나의 인생'이라고 부른다. '나의 눈동자' 혹은 '나의 심장'이라고 부르기도 한다. 부르는 대상이 소중하다는 표현이다. 하지만 그 사람은 우리의 인생도 아니고, 우리의 눈동자도 심장도 아니다. 여기에 바로 사랑의 경이가 숨어 있다. 일상의 의지 속에, 자유로운 두 사람이 만들고 고쳐나가는 그 과정에 사랑의 경이가 숨어 있다. 자살은 어떤 사람 때문에, 어떤 물건 때문에 하는 것이 아니다.

081

누군가를 신뢰한다면 그에게 자유를 주어야 한다. 자유가 없으면 사랑도 없다. 오직 감옥만 있을 뿐…….

082

사랑을 하는 동안에는 과거가 미래를 결정한다. 사랑이 서로 비슷해서도 아니고 특정한 경험을 해서도 아니다. 지나간 고뇌가 무의식 가운데 남아 우리로 하여금 조심하게 만들고, 더 쉽고 덜 복잡한 사랑을 찾아 살그머니 다가가게 만들기 때문이다.

083

늦사랑에서는 현재인 것이 거의 없다. 과거와의 끊임없는 대화가 있을 뿐. 그리고 행복을 찾아 뒤를 돌아다보면 행복은 벌써 떠나고 없다. 우리는 왜 과거가 다시 돌아올 수 있는 것이라도 되는 듯 과거를 요리

조리 뜯어보고 있는 걸까?

084
세월이 체력을 약하게 만들지는 몰라도 내면의 능력은 강하게 만든다. 긴 여행길을 돌아보면 친밀한 관계의 양은 줄었을지 몰라도 그 질은 더 높아졌다. 논리에 동요하고 재조정을 하는 가운데서 자기 자신을 새롭게 만나고―그 결과 다른 사람과도 새롭게 만난다―더욱 세심하게 서로를 나눌 수 있는 기회와 더욱 깊게 이해할 수 있는 선물을 얻게 된다.

085
나는 결혼하는 노인들을 보면 부럽다. 내 고민은 부부간의 나이 차이가 아니라, 늙어서 배우자 없이 혼자되는 것이다. 불신과 고집과 주어진 삶―나이만 먹고 목표만을 추구하는―에 대한 거부감 때문에 나의 마지막 사랑, 어쩌면 가장 티 없고 맑은 사랑, 가장 순수하고 즐거운 사랑을 놓쳤을지 모른다고 생각하면 내 자신이 미워서 견딜 수가 없다.

086
어떤 한 사람을 위해 태어나는 사람은 아무도 없다.

087
당신은 누군가에게 사랑을 줄 수는 있지만 사랑을 달라고 조를 수는 없다.

088
우체국도 우편물을 보증하지 못하는 판에 사랑이 어떻게 그것을 보증하겠는가! 사랑은 아무것도 보증하지 않는다. 다행히도 사랑은 보험 회사가 아니다.

불꽃, 단지 불꽃에 맞서
물, 도금양 꽃에 맞서
별이 쏟아지는 하늘 아래서
당신은 내 이름을 불렀지.
다시 불러주오. "다 엉망이야."
다시 불러주오. "다 틀렸어."
내 이름을 다시 불러주오.

나의 불꽃에 맞서는 당신만의 불꽃
사랑은 낯선 강아지처럼
싸우고, 치고, 받고, 피하고
죽고, 때려눕히지.

당신의 목소리는 내게
힘에 대항할 수 있는 힘을 주고
당신은 내 이름을 지어주고

우리는 함께 살리니

필요한 것은 죽음

필요한 것은 비열한 신들

하지만 당신이 내 이름을 지어준다면……

아, 당신이 내 이름을 불러준다면……

089

낮과 죽음이 찾아오듯 당신은 여전히 번개처럼, 아니면 발꿈치를 들고 느닷없이 몰래 올까? 아니 이미 내 안에 있어서 언제든 어린아이처럼 깔깔 웃으며 나오려나? 내가 당신을 그리워하고 있는 지금 당신은 무엇을 하고 있을까? 당신도 날 그리워할까? 당신은 무슨 일을 하고 있을까? 망설이고 있을까? 밤과 아침이 불완전하다고 느낄까? 기쁨이 목도리처럼 펄럭거릴 때까지 얼마나 많이 의심을 하는지.

090

사랑은 선구자를 이끌고 다니는 메시아와 같다. 우리 안에 자리 잡고 있는 무언가를 깨닫게 해주는 선구자.

091

사랑은 지진처럼 온다. 우르르 쾅쾅 천지를 뒤흔들며 파괴하고 온 땅을 뒤집는다.

092
사랑은 예외를 허용하지 않는다. 눈치를 살피다가 슬며시 자리를 잡는다.

093
어쩌면 지난봄이 늘 최악이었는지 모른다. 확신하건대 봄은 시작하고 끝내기에 가장 중요한 순간이다. 봄에는 전쟁이 선포될 수 있고 사랑이 선포될 수도 있으며, 이 두 가지가 동시에 이루어질 수도 있다. 그런 선포를 듣고 우리는 나름대로 이해해야 한다.

094
애정은 고마워할 수도 대가를 지불할 수도 갚을 수도 없다. 그것은 우리에게 달려 있지 않다. 있거나 없거나 둘 중 하나다. 저기 밖에 있는 새처럼 말이다. 새는 당신이 마련해둔 곳이 아무리 편할지라도 거기에 둥지를 틀지 않는다. 이따금 떠나기도 하고, 절대 떠나지 않기도 하고…… 또 어떤 때는 절대 돌아오지 않는다.

095
사랑이 어떤 옷을 입든 어떤 식으로 다가오든 기쁜 마음으로 맞아들여야 한다. 두려워할 필요가 없다.

096
행복, 사랑, 의무는 언제나 의기양양하게 다가온다. 그랬다가 갑자기 슬며시 옆으로 빠져버린다.

097
사랑, 네가 찾아올 때는 네가 상상한 내가 아니라 있는 그대로의 나를 받아들여야 하리라. 너는 내 자유를 취하는 대신 너의 자유를 내게 주겠지. 내 약속을 취하는 대신 너의 약속을 내게 주겠지. 우리는 함께 태어나겠지만 추억의 끈질긴 인연을 모른 척할 수는 없다. 나는 너의 외모가 세상의 문을 연다는 사실을 안다. 내가 살을 대고 잠들었던 그 신선하고 메마른 살결, 익숙한 애무, 어느 날 나의 고독을 파고든 엄청난 육체, 그칠 줄 모르다가 결국 멈추어버린 욕망, 이런 옛 모습들이 너와 나 사이에 끼어들지 않게 하리라……. 시간을 재촉하는 너는 서둘러야 하겠지. 시간을 조심할 것. 네가 없을 때도 시간은 제멋대로 흐르니. 그러면 늦으리, 사랑이여, 이미 늦으리. 그렇게 늦은 밤이 되면 어찌 너를 깊이 생각할 수 있겠는가?

098
밤에는 사랑과 죽음이 너를 찾아온다. 그리고 삶 이외에는 아무것도 없다. 하지만 그 삶은 반복되지 않는다. 의지는 계산하지 않는다. 마음은 헤아리지 않는다. 잡을 것이 없다. 무한대. 무無. 빛…….

099
나는 열한 살 때 사랑을 발견하고 외톨이가 된다. 나는 이미 세상을 보지 않는다. 나는 더욱 혼자가 되기 위해 욕실에 처박힌다. 잘난 척하는 누이와 한바탕 싸움을 시작해야 하므로 나는 영원히 그곳에 처박힌다. 그리고 노래를 부른다. 사랑이 다가오면 나는 노래를 부르기 시작한다. 혼자 있을 때면 쉬지 않고 노래를 부른다. 혼자 있는 그 느낌은 완벽하다. 마치 나와 다른 사람들 사이에 참호를 파놓은 것 같다. 그리고 나는 비밀로 가득 차 있다. 하지만 사랑은 오르가슴이 뭔지도 모를 때 찾아온다……. 너무나 눈부신 빛을 느낀다. 다른 사람들이 보지 못하도록 가려야 한다. 내 안에서 느끼는, 눈동자 아래서 본능적으로 느끼는 빛을 다른 사람들이 보지 못하도록 나는 눈을 내리깐다.

100
사랑할 때는 중요한 것부터 먼저 도착하지 않는다. 중요한 것은 지금 경주에 나가 있다.

101
사랑은 오케스트라 지휘자 같다. 지휘자는 지휘봉을 들고, 사람들이 보면 봉을 두드려 주의를 모은다. 그러고는 갑자기 아무도 말릴 수 없는 세상의 음악을 연주한다.

102
네가 올 때는―꼭 와야 한다―조용히 들어오라. 네 열쇠를 사용하고, "안녕하세요" 인사하며 들어오라. 심부름하러 나갔던 사람처럼 들어와서 집안을 둘러보고, 고개를 끄덕이며 천천히 숨을 내쉬고 가장 편안한 소파에 앉으라. 도착해서 마음이 내키면 너의 공범인 밖의 소리를 향해, 빛을 향해, 삶의 신선한 공기를 향해 창문을 열라. 네가 없었던 시간은 네가 도착하는 순간부터 더 이상 존재하지 않으리. 모든 것이 단순해지리라. 막 꺾은 장미처럼 우리 사이에 기적이 일어나리라. 네가 도착하면 내 손에 맞지 않는 것은 아무것도 없으니. 무지갯빛 구름이 침실 천장을 장식하리라. 내 상처들은 어디에 있는가? 내가 말해주리라.
　단 한 가지만 명심하라. 살러 오지 않을 거면 오지도 말라.

103
　첫사랑은 단 한 번뿐이다. 분명한 사실이다. 첫사랑에서는 예감도, 선입견도, 두려움도, 계획도 없이, 아무것도 채우지 못하는 구멍 난 물항아리처럼 속이 텅 빈다. 자신을 잃는 동시에 자신을 되찾는다. 그런데 그 후로 이어지는 다른 사랑들은 첫사랑과 흡사하다. 매번 첫사랑이 열고 첫사랑이 닫기 때문이다. 부채의 맨 앞자락처럼 말이다. 그리고 비교하는 것은 나쁜 짓이다. 교양 없는 짓인데다, 우리가 과거를 안고 사랑을 시작하는 것이 아니라 미래를 안고 시작한다는 사실을 간과하는 짓이다. 과거는 우리의 모습을 결정하지만 미래는 그 사랑을 가지고 우리를 만들어간다. 뒤를 돌아보지 말라.

104
　첫사랑—최소한 나의 첫사랑은—은 싸구려 술집, 선술집의 정중한 고독, 각자의 솔직함, 와인과 냄새와 석양을 공유하는 비밀스런 예식에서 탄생했다.

105

첫사랑이 늘 다시 돌아오겠는가. 첫사랑은 한 번도 떠난 적이 없다.

106

여자는 자기 집 문을 열고 사랑이 들어오게 한다. 자신을 현혹하고, 재촉하는 사랑, 자신을 데려가고 데려오는 사랑, 기쁨의 절정으로 갔다가 슬픔의 밑바닥으로 끌어내리는 사랑을.

107

지금 당신은 다른 쪽을 보느라 정신이 없다. 머지않아 사랑이 당신을 부르리라. 사랑을 기다려라. 찾는 것보다 만나는 것이 더 쉽다. 그러니 찾지 말라. 사랑이 온다. 부드러운 걸음으로 혹은 거칠게. 내 생각에는 거칠게 올 것 같지만, 어쨌든 온다. 습격하듯 온다 특히 처음에는. 그때는 속이 빈 항아리처럼 남김없이 스스로를 내어주어라. 그래야 한다. 눈이 먼 채로. 선입견 없이. 편견도 없이. 마치 이 세상이 끝난다는 듯이. 어쨌든 이 세상은 결국 끝이 나니까. 또 현재만이 존재한다는 듯이. 두려움도, 계획도 없이. 자기 자신을 잃어버리고 동시에 회복하면서. 세상이 거기에 있다. 구체적인 모습으로 그리고 당신의 손이 닿는 곳에. 세상은 당신 눈을 들여다보고, 그의 눈동자가 당신의 눈동자로 들어오리라. 그러면 당신은 아무것도 보이지 않는다. 그리고 당신이 도착하기 전부터, 사랑하는 사람이 당신에게 오기 전부터, 사랑하는 사람을 에워싸고 있던 사람들이 불현듯 미워진다. 그의 부모, 형제들, 친구들이. 그가 이 사람들을 사랑하기 때문이다. 당신 역시 당신의 부모, 형제, 친구들을 여전히 사랑하고 있다는 사실을 의식하지 못하기 때문이다. 당신은 사랑하는 방법이 많다는 것을 깨닫지 못한다. 사랑이 떠날 때마다 심장—포기를 준비하고 있는—은 다시 돌려주기 위해 예전의 애정을 숨겨 놓는다는 것을 깨닫지 못한다……. 하지만 시간이 지나면 더 잘 알게 된다. 사랑—변질된 사랑일지라도—이 차츰 부드럽게 공격하는 시기가 되면 말이다. 그때가 되면 지금 이 글을 쓰면서 내가 느끼듯이 당신도 그것을 느끼게 된다. 그것은 일부러 코를 벌름거려야 맡을 수 있는 향수 냄새와 비슷하다.

당신은 아직 나의 것
내가 당신을 간직하고 있으니.
당신 없이 파도가 지나가는데
얼마나 시간이 걸릴까…….

사랑이 시작될 때는
그토록 아름다운 일을 꾸미며서
신을 놀라게 하지.
그러면 세상이 새로이
광채 속에서 환호하며 문을 열지.
불가능한 것을 요구한다고 해서
그게 지나칠까.

그는 한밤중에 바닷가로 갔고

신의 존재를 느꼈지.

모래와 당신과 바다와 나와 달이

곧 신이었으니

나는 그를 숭배하리라.

108

우리는 쌀쌀한 해질 녘에 젖은 길을 표시등을 켠 채로 달리는 빈 택시와 같다. 언제라도 손님을 태울 수 있는 빈 택시. 누가 우리를 기다리는지, 누가 우리를 세울지, 누가 가야 할 방향을 속삭여줄지 우리는 알지 못한다. 퇴장할 시간이 울리기 전에 누가 올지도 알 수가 없다. 태울 준비가 되어 있으려면 매우 용감해야 한다. 과거에 파묻혀 있는 것보다 더. 미래의 환상에 젖어 있는 것보다 더.

109

나는 언제나 준비가 되어 있으며 내게는 집에서 기르는 개의 영혼처럼 상냥한 영혼이 있다. 일단 그 영혼을 주고 나면 공유를 할 수도 다시 찾아올 수도 없다. 단 내 영혼이 주인을 만나지 못하고 포기할 때를 제외하곤 말이다……. 아니 포기하지 않을지도 모른다. 산다는 것은 어차피 주인을 찾는 과정이니까.

110

어떻게 작업을 걸까? 어떻게 정복할까? 어떻게 한 사람을 사랑할까? 한 걸음 한 걸음씩. 그 사람과 함께 앉아 있다면 우연히 그녀의 어깨에 팔이 닿은 체하면서 그녀의 반응을 살핀다. 아니면 그녀의 손에 슬쩍 손을 대본다. 그녀의 다리에 슬며시 다리를 대본다. 그러고는 언제나 그녀의 반응을 살핀다. 내 생각에는 바로 거기에 비밀이 있다. 또 그녀의 눈동자를 뚫어지게 쳐다보는 그 순간에 비밀이 있다. 그녀가 시선을 피하지 않으면 곧장 데이트를 신청하라. 그러고는 때가 되어 기회가 오면 키스를 하라. 적당한 장소가 있거나 자동차가 있다면 일은 훨씬 더 쉽게 풀린다. 여자들은 유혹에 넘어가지만 실제로 유혹하는 쪽은 여자들이다. 골라잡는 쪽은 당연히 그녀들이다.

111

한 남자가 한 여자를 유혹하려 한다면 그녀가 유혹해주기를 원하기 때문이다. 그녀는 이미 마음을 정했다. 기다리게 하지 말라. 쓸데없는 걱정이 얼마나 많은지……. 요즘 세대는 더 실리적이다. 나중에는 즐거움조차 아득해진다. 추억은 많아도 희망은 없다.

112

애쓸 필요가 없다. 사랑을 찾는다는 것은 호랑이 등에 앉아서 호랑이를 찾는 것과 같다.

113

사랑은 언제나 배신을 한다. 나의 주인공은 사랑하면 고통을 떠올린다. 나도 그렇다. 사랑은 열광과 도취가 아니라 불행과 몰락이다. 사랑은 사람을 어리둥절하게 만들며 또 칼날을 갈면서 평생을 보내게 한다. 사랑에서는 도망가는 사람이 늘 이긴다. 사랑을 찾기 위해서 밤에 외출하는 사람들을 보면 나는 절로 감탄이 나오는데, 나는 언제나 그 반대로 했다. 나는 숨고 도망가기만 했다. 사랑은 무시무시한 파도처럼 나를 뒤쫓았으며 나는 모래사장에 얼굴을 파묻은 채 해변을 질질 끌려 다녔다. 사랑을 찾아다녀서는 안 된다. 사랑이 십자가를 짊어지게 하면 어떤 경우라도 포기해야 한다. 요즘 사람들은 사랑을 너무 믿는 경향이 있다. 사랑을 마치 어떤 비방이나 구세주처럼 생각하는데, 내가 볼 때는 착각이다. 사랑은 그 누구도 구원하지 않는다. 구원에 대한 해답은 우리 안에 있다. 경이로운 여행은 없다. 경이로운 여행자만이 있을 뿐. 마찬가지로 좋은 사랑은 없다. 좋은 연인만 있을 뿐. 사랑에 재능이 있는 사람들도 있고, 그렇지 않은 사람들도 있다.

114
사랑이 찾아오면 늘 내게 고통을 줄 거라고 생각해버린다.

115
고통에 대한 두려움은 고통 그 자체보다 훨씬 더 해롭다. 진정한 사랑은 눈을 감지 않는다. 절대 후퇴하라고 충고하지 않는다. 진정한 사랑은 첫 번째 보물에 만족하지 않으며 단 한 번의 삶으로 충족되지 않는다.

나는 행복해지리라
당신은 내 이름을 슬픔이라 부를 만큼 고통당하리

엉터리 저울, 당신의 저울에서는
애무가 통곡보다 더 가벼우니.

아름다움이 어떻게 매혹의 쓰디쓴 얼굴을
하고 있는지 깨닫는 순간
당신은 얼마나 나를 부유하게 하며
당신의 가난을 얼마나 창피해할까.

내가 행복했던 순간들처럼 행복해지려면
가시에 입을 맞추고 장미꽃 앞에서 몸을 떨며
깊이 베인 입술로 축복하라.

어떤 게임이든 온몸을 던져라.
나는 온몸을 던졌고 다 잃었으니
내 복수가 그렇게 너그럽던가.

116
사랑은 이해가 되지 않는다. 그저 사랑할 뿐. 그것뿐이다.

117
많이 아는 사람은 머리가 부풀어 오른다. 노래를 할 수도, 춤을 출 수도, 술을 마실 수도 없다. 생각하고 계산하는 사람은 절대 사랑에 빠지지 않는다. 사랑은 당신이 건너가는 다리이고, 지식은 성벽이다.

118

사랑에서 사랑보다 더 훌륭한 스승은 없다.

119

예전에 나는, 사랑은 우리를 따라다니는 후광과 같으며, 우리를 에워싸고 있는 냄새와 같으며 방향도 없이 우리를 이끄는 투명한 실과 같다고 생각했다. (예전에도 그렇고 지금도 그렇게 생각하지만 정열은 우리를 눈멀게 하지 않는다. 빛의 적이 아니다. 눈에 밴드를 붙이지도 않는다. 오히려 눈을 더 예리하게 만든다. 어쩌면 눈을 멀게 하는 것은 지식의 냉정한 빛과 고요한 미궁일지 모른다. 이것들이 우리 눈에 눈가리개를 씌울지도 모른다.)

120

아는 것이 많을수록 사랑은 오래가지 않는다.

121

지식이 사랑을 낳을까, 사랑이 지식을 낳을까? 사랑하지도 않는 사람을 굳이 알려고 드는 사람이 있을까?

122

중요한 것은 어떻게 살아왔느냐이지 무엇을 생각하느냐가 아니다. 위험을 감수하고 얻은 것이지 물려받은 것이 아니다. 이해해서 내 것으로 소화한 것이지 소유하고 있는 것이 아니다……. 햇살이 화창한 어느 날 아침에 나는 피렌체의 시뇨리아 광장에서 미켈란젤로의 다비드 상 발밑에 젊은 남녀 한 쌍이 서 있는 모습을 보았다. 그들은 금발에 아름답고 행복해 보였으며 다정하게 팔짱을 끼고 있었다. 마치 노래를 부르듯 서로를 쳐다보았다. 나는 질투가 났고, 부러웠다. 그들의 행복한 축제에 물을 끼얹고 싶었다. "이건 진짜 다비드가 아니라 모조품이에요. 진짜는 아카데미아 미술관에 있어요." 내가 말했다. "그래서요?" 그들이 되물었다. 나는 울음을 터뜨렸다. 외로웠다……

123
건축물처럼 사랑에도 비전문가의 눈길이 머문다. 관광객의 눈 말이다. 그들에게 가장 큰 감명을 주는 고딕 건물은 신 고딕 양식이며 모방을 많이 한 것들이다. 그들은 색이 더 화려하고, 더 깨끗하고, 좋은 자리에 있는 건물을 높이 평가한다.

124
인간은 이기적이지만 조심성이 없어서 속수무책이다. 특히 피비린내 나는 험한 사랑의 투우장에서는 더더욱 그렇다.

125
나이를 먹는다고 사랑을 더 잘 알까. 누가 새들에게 나는 법을 가르치던가?

126

나이는 조심성을 가르친다. 하지만 사랑은 회춘이며 마음의 봄이다. 봄에는 아무도 조심하지 않는다. 안전한 곳으로 피하기 시작하면 결코 사랑의 투우를 할 수가 없다. 절대로.

127

사랑할 때는 속이기도 하고 속기도 한다. 언제나 다른 방식으로 표현을 하며 언제나 하나뿐이다. 사랑은 결코 배울 수 없으며 경험은 한 번, 두 번 계속해서 착각하는 데 쓰일 뿐이다. 사랑을 하는 사람은 한 번 두 번 세 번 네 번 다섯 번 같은 돌에 걸려 넘어진다. 그러고는 돌을 집어 들고 자신의 창문을 향해 내던진다.

128

어쩌면 사랑을 하면서 아무것도 배울 수 없을지 모른다. 최소한 나는 아무것도 배우지 못했다. 첫사랑에서 마지막 사랑까지 나는 늘 행복이 영원할 거라고 믿는 멍청이처럼 행동했다. 어쩌면 행복이 아니라 안정적인 상황을 믿었는지도 모른다. 가끔은 끔찍하고, 해롭고, 피차에 파괴적이며, 불편하지만 안정적인 상황을. 그 반대는 모험처럼 보였다. 그 공통의 계획은 실현이 되든 되지 않든 끝나지 않을 거라고 확신했다. 그 관계는 비록 감정이 퇴색할지라도 결코 끝나지 않을 거라고 확신했다. 나는 내게 가장 사랑스러웠던 사람을 종종 무시하고, 심지어 때리기도 하고, 괜히 트집을 잡거나 있는 대로 화를 내며 바보천치라고 불렀다. 그렇게 아무리 함부로 대해도 그 사람이 영원히 내 곁에 있을 거라고 굳게 믿었다. 물론 착각이었다. 내 곁이 그 사람에게는 지옥이며 그 사람 곁이 나에게는 벼랑 끝일지라도 우린 결코 헤어지지 않을 거라고 굳게 믿었다. 강제로 얻는 것이 많았지만 그렇지 않은 것도 있다는 사실을 알지 못했다. 누군가를 먹게 할 수는 있어도 배고픔을 느끼게 할 수는 없다. 누군가를 굴복시킬 수는 있어도 우리를 계속 사랑하게 할 수는 없다. 몸은 충실해도 마음이 자유를, 다른 사람의 키스를 꿈꾸지 못하게 할 수 없다는 것을 나는 이해하지 못했다.

129
사랑의 비밀은 시선에 있다.

130
사랑, 사랑은 몸짓이다. 사랑은 말하지 않는다. 행동할 뿐이다.

131
궤도에서 벗어난 사랑의 몸짓을 금지하면 억제하기 더 어렵다. 오히려 상상할 수 없는 극단으로 치닫는다. 그리고 후회를 하면 현재에 충실할 수 없다. 정신을 차리고 보면 버스는 이미 떠나고 없다.

132
나는 아버지의 인색한 사랑의 몸짓을 금처럼 보자기에 싸서 소중하게 간직하고 있다. 나를 재우려고 한 것이 다였다. 다른 식구들과 마찬가지로 아버지도 잠을 잘 못 주무셨다. 나도 그랬다. 그래서 아버지는 정해진 시간에 잠자는 습관을 내게 가르쳐주시려고 했다. 아버지는 조용히 내 방문을 열고 말했다. "아직도 책 읽고 있니? 그만 불 끄고 자거라, 어서." "잠이 안 와서요." "잠이 안 오긴, 네가 잠을 쫓는 거지. 눈을 감고 아무 생각도 하지 말거라. 어깨, 팔, 다리, 다 잊어버리고, 가만히 있으면 잠이 온다." 그래도 잠은 오지 않았다. 아니 최소한 빨리 잠들지는 못했다. 우리 집에서는 다 그랬다. 탁자에는 따뜻한 우유가 담긴 보온병이 있었다. 우리는 잠에서 깰 때마다 우유 한 컵을 마셨다. 우유가 떨어지면 부엌으로 갔고 거기서 온 식구가 상봉했다. 선천성 불면증이란 사실을 까발리지 않기 위해서 식구들은 애써 태연한 척했다. 구제불능의 유전병을 겁내지 않기 위해 자기 암시에 빠지지 않기 위해서. "잠깐 들렀어." (새벽 네 시에도 볼 일이 있으면 얼마든지 들를 수 있다는 듯이) "우유 좀 마셨어. 아휴, 졸려 죽겠네. 가서 자자!" 그리고 두 시간 뒤 다시 부엌에 모이면 식탁에 앉아 수다를 떨었다.

133

나는 두 살인가 세 살쯤에 부사어 하나가 얼마나 사람을 불행하게 만들 수 있는지를 깨달았다. 어느 날 우리 집에 손님 몇 분이 왔다. 손님들은 아주 호리호리하고 품위 있고 광채가 나는 우리 형과 누나들에게 다가갔다. "애들이 어쩌면…… 참 잘생겼어요……." 그러고는 내 쪽으로 시선을 돌렸다. 불그죽죽하고 뚱뚱하고 못생긴 나에게로. 나는 일찍이 사람들의 말에 귀를 막는 법을 배웠다. "음…… 얘 역시 귀엽긴 하네요." 그 당시 늘 듣던 '역시'라는 부사어 때문에 내가 상처를 덜 입었다고 생각한다면 오산이다. 하지만 그때 나의 모든 것이 '역시'

위에 세워진 것은 아닐 거라고 생각한다(못생겼다는 말을 부드럽게 표현했을 뿐).

134
우리가 내면에 가지고 있지만 잘 모르는 장점을 사랑이 보여줄 수 없다면, 사랑이 무슨 의미가 있겠는가?

135
나는 사랑만이 ― 고통 역시 ― 현실과 진실을 느끼게 해준다고 생각한다. 문득 눈을 뜨고 꿈에서 깨어나듯. 좋은 것도 나쁜 것도 있지만 나는 이미 잠에서 깨어났다.

136
우리 모두는 반쯤 졸고 있다. 진정한 삶을 살고 있지 않다. 아니, 허공에 몸을 던지듯 삶이 한껏 벌린 두 팔에 뛰어드는 것을 두려워한다. 아니, 우리는 내면보다 외면을 여행하려고 한다……. 우리는 저마다 자기 베개를 베고 잠을 잔다. 그리고 삶은 꿈과 정반대 편에 있다. 사랑의 키스가 우리를 깨우면 ― 제발 그래다오! ― 그 순간부터 삶은 우리를 무작정 기다린다.

> 너는 말했지, 안토니오
> 그리고 나는 삶이 노래하고
> 춤을 추는 소리를 들었지

어린 아이처럼.
동이 트기 전
삶이 꿈에서 깨어나는 소리를
기지개 켜는 소리를 들었지.

너는 말했지, 안토니오
상처는 아물고
사랑은 개처럼 주인 냄새를 풍기고
고통은 너무나도 즐거워
놀란 영혼이 기절할 정도였지.

너는 말했지, 안토니오
너무나 갑작스레
아무 준비도 이유도 없이
너는 나를 무자비하게 내쳤지.

그 죽음이 지금 살아 있다고 해서
이상하게 여길 수 없으니
나는 너무나 온순하고 고분고분한 나사로
너의 목소리는 나를 깨우고 이 책을 깨우리.

137
다마스쿠스로 가는 길에서 만난 섬광과 음성처럼(성경에서 사울은 다

마스쿠스로 가는 도중 섬광을 보고 하느님의 음성을 들었다-옮긴이) 사랑은 불현듯이 내 어깨 위에 내려앉았다. 화살보다 더 빨리 막 탄생한 다른 세상을 위해 죽고 부활하듯 갑작스럽게 정통으로 관자놀이에 박혔다. 그 세상에서는 모두가 옛것을 기억했고, 전부 다 달랐다. 마치 다른 사람의 눈으로 바라보는 듯. 그랬다. 나는 다른 사람이 내 눈을 통해 바라본다는 확신이 없었다면 눈을 감았으리라. 내 눈을 볼 필요가 없을 테니까. 얼마나 큰 재앙인가. 얼마나 영광스럽고 열정적이고 화려한 재앙인가. 십이월의 거리는 얼마나 사람을 푸근하게 하는지 또 얼마나 아름다운지……

138
오월은 분명 사랑의 달이다. 내게는 사랑의 달이 아닌 달이 없다. 비록 사랑이라는 이름을 붙이는 데 오랜 시간이 걸렸지만 사랑은 내 삶에 향수처럼 엎질러졌다. 그 냄새는 몇 날 며칠 몇 달 몇 년 동안 가시지 않는다. 옷자락을 펼칠 때마다, 미소를 지을 때마다, 슬플 때마다 그 냄새가 난다. 거기서 꽃 냄새 혹은 종기 냄새가 난다. 그러면서 겉모습과 모양이 엉망이 되고, 주인이 노예로, 노예가 주인으로 변한다. 사랑은—나중에 알게 되었지만—저마다 행운을 가져온다. 하지만 그 사랑의 슬픔에 다른 모든 사랑의 슬픔이 더해진다. 너무 불공평하다. 상처가 아문 흉터에서는 언제나 천천히 피가 다시 흐른다.

139
사랑보다 더 큰 즐거움은 없다. 사랑하는 사람 말고는 누구한테도

관심이 없다. 모기한테도 코끼리한테도. 그리고 사실 당기고 늦추는 사랑은 아주 재미있다.

140
나에게 궁전은 알람브라 궁전뿐이다. 거기서는 사랑이 언제나 욕망과 한기로 몸을 떤다. 저수지 한복판에 빠진 샛별처럼.

141
내 심장은 그라나다에서 최고의 술을 만들었다. 양조장 주인처럼. 나 자신에게 취했다. 자기 안에서 걸어 나와 다시 술에 취했다. 아름다움에, 사랑에, 순수한 영광에 취했다. 나는 눈 덮인 그라나다, 작열하는 태양 아래 그라나다, 반짝이는 별과 달 아래 그라나다를 기억한다. 인간적인 아름다움이 응집된 그라나다를 기억한다. 인간이 인간인 것에 자부심을 느낄 수 있는 곳. 어느 날 나는 모든 것이 그라나다에서 몰락한다는 사실을 알았다. 나는 혼자 중얼거렸다. "지금, 지금. 죽기에 얼마나 좋은 순간인가……."

142
시장만큼 즐겁고, 깔깔 웃어대고, 호기심에 정신을 팔았던 곳이 없었다. 행복하다고 할 수 있었다. 시장은 나의 마침표이며, 여백의 기록이며, 휴가다. 나는 매번 다른 사람과 함께 시장에 갔다. 나의 연인들. 나를 유혹했거나 내가 유혹 당했던 그 사람들은 나더러 유혹하는 사람이라고 했다. 우리는 즐거운 시간을 보내기 위해서, 다른 사람들과 어깨를 부딪치기 위해서, 땅과 어깨를 부딪치기 위해서, 땅과 바다의 열매들과 어깨를 부딪치기 위해서 함께 시장에 갔다. 시장에. 우리의 일이 일사천리로 진행되었다. 우리는 즐거웠고, 시장은 그 즐거움에 즐거움을 더해주었다. 그것은 일종의 보상이었다. 아침에 시장에 다녀와서 나는 다시 일터로 갔으며, 오후가 되면 겨울 거리를 비추는 희미한 불빛 사이를 헤치고 동네 극장에 가거나, 팔짱을 끼고 집으로 돌아와 장 봐온 것들로 저녁 식사를 준비했다. 그러고는 이미 우리가 가지고 있던 것으로 사랑을 했다…….

143
어떤 종류의 사랑이건 진정한 사랑은 사랑하는 사람이 자신을 실현하는 일을 침해하지 않는다.

144
사랑은 굶주린 이리처럼 내게 들어와 내 삶을 온통 뒤죽박죽으로 만들어놓았다. 내가 원하는 사랑은 그렇게 천방지축으로 날뛰는 사랑이 아니라, 내가 일을 할수 있게 도와주고 창문을 열어주어 빛과 바람이 들어오게 하는 그런 사랑이다. 일을 하고 내가 성취하도록 도와주는 사랑.

145
그 누구도 누군가의 신神이 될 수는 없다. 사랑도 신이 되지 않는다. 그 반대로 사랑은 사랑하는 사람들을 더욱 인간적으로 만든다. 그래서 사랑은 위대하다.

146
일시적인 사랑은 결코 2세들을 생각하지 않지만 책임감 있는 사랑은 그렇지 않다. 2세는 의지로 결정한 산물이어야 하며, 절대 실수여서는 안 된다. 사랑한다고 꼭 자녀를 낳아야 하는 것도 아니고, 사랑이 오직 자녀들 때문에 존재하는 것도 아니다. 자녀들 뒤로 몸을 숨기는 부모들은 그 사랑을 통해 자신을 실현하지 않은 사람들이다. 인간은 알을 품는 암탉이 아니다. 그 누구도 자녀를 통해 자신을 실현할 수는 없다. 개인적인 실패를 만회하기 위해 부권父權을 찾는다면, 그것은 밉살스러운 일이다. 책 한 권을 쓰거나 나무 한 그루를 심고는 자신을 완성했다고 믿는 것만큼이나 못난 짓이다. 이 세상 온갖 일이 책과 나무와 자식에 의해 좌지우지된다는 말인가.

147
부권은 즉석식품이 아니다. 일상에 적응하는 길고 긴 허드렛일이다. 사랑도 마찬가지다. 사랑은 등장하자마자 새로운 일과 변화와 이사와 크고 작은 희생을 요구하며 말다툼을 벌인다. 두 사람이 싸울 때도 있고, 엄마까지 끼어들면 세 사람이 싸울 때도 있다.

148
부모, 자식, 친구, 형제 사이에는 편애가 없을 수 없다. 공평하게 배정한 기본적인 애정 옆에는 늘 작은 보따리 하나가 더 있게 마련이다.

무의식적으로 때로는 합리적으로. 정직하고 사려 깊은 사랑이 있다면 편애는 그 사랑 위에 올려놓은 장식품이다. 모든 경우에 다 의지가 작용하는 것은 아니지만.

149

나는 아버지가 돌아가실 즈음에야 나 자신이 아버지의 편애를 듬뿍 받은 아들이었음을 알게 되었다. 그 길고도 긴 세 달 동안 아버지는 나에게 나에 관한 이야기를 아주 열심히 해주셨다. 내게 당신의 아들 얘기를 해주셨다. 두 살 때 칠면조를 놓고 투우를 했던 일, 결혼식에서 신랑 신부의 들러리를 섰던 일, 걸음걸이가 말도 못하게 곧았다는 얘기, 또 무슨 얘기를 했더라, 너무 많아 기억도 나지 않는다. 또 얼마나 웃었는지 모른다. 아버지가 바라는 그대로 내가 자랐다는 얘기도 했다……. 아버지는 지치지도 않고 내 이야기를 하셨다. 하지만 이미 나를 알아보지 못하셨다. 나는 아버지의 어깨를 흔들었다. 아직 희망이 있다고, 나를 잘 보시라고 소리쳤다. 아버지는 천천히 나를 밀어내며 당신이 그토록 사랑하는 아들 이야기를 또 꺼내셨다. 아버지는 평생토록 편애하는 마음을 감추려고 애쓰셨다. 퉁명스러운 태도와 말투로 기우는 마음을 어떻게든 숨기려고 하셨다. 어쩌다 감정이 북받치면 진실이 튀어나왔지만, 그 진실을 즐기기에는 이미 너무 늦었다. 삶은 우리에게 얼마나 쓴 잔을 들이켜게 하는지.

150

나는 오스트리아의 늙은 백작 부인을 기억한다. 그녀는 여섯 번이나 이혼하고 또 결혼을 했다. 그중에 영원히 함께 살고 싶은 남편은 누구냐고 묻자, 그녀는 이렇게 대답했다. "아무도 없어요. 1차 대전 때 비엔나에서 전차를 탄 적이 있는데 내 옆에 젊은 비행사가 앉아 있었지요. 난 그 청년과 말을 나누지도 않았고, 너무 짧은 시간이라 얼굴도 제대로 못 봤어요. 그 청년이 전차에 올라타는 순간, 그가 내 사랑이요, 진정한 사랑이라는 걸 깨달았어요. 내가 그 사랑을 위해 태어났다고 말이에요. 그 사람 외에 다른 남자는 절대 쳐다보지 않겠다고 다짐했죠. 하지만 신기루였어요. 위안에 불과했죠. 그 사람이 죽었는지, 그의 비행기가 폭파되었는지, 아니면 아직 살아 있는지 아무것도 몰라요. 이름조차 몰랐어요. 알 필요도 없었지만. 그 사람이 내가 영원히 함께 살고 싶은 사람이에요." 그 백작부인이 착각하고 있는지도 모른다. 영원이라는 것, 사랑이라는 것, 심지어 같이 산다는 것이 무엇인지 우리는 확실히 알지 못한다. 다만 우리는 우리를 감동시키는 것만을 알고 있다. 오늘 우리를 감동시키는 것 말이다. 내일도 같은 방식으로 같은 열정으로 그것이 우리를 계속해서 감동시킬지는 아무도 모른다.

151
어린이는 끔찍한 관습의 가장자리에서 살고 있다. 사랑도 마찬가지다. 사랑이 시간을 잴까, 아니면 시간이 사랑을 잴까? 전화를 기다린다. 약속이 간절하다. 우리가 사랑하는 육체에서 맥동하고 있는 동맥을 입술로 느낀다. 그게 전부다. 초라하고 시끄러운 죽음 사이로 자신과는 무관한 어린 시절과 사랑이 지나간다. 그것들은 현재이며 영원하다. 논리적으로 생각하지 않기 때문이다. 우리는 몇 살 때 이성을 갖게 될까? 우리를 이성으로 몰아내는 건 나이 ― 혹은 시간 ― 인가, 아니면 변화된 우리 자신인가?

152

알람브라 궁전이 우리에게 주는 희뿌연 현실의 빛은 얼마나 혼란스러운지. 거기서 신은 빛인가? 혹시 빛이 신은 아닐는지. "그러나 여기에 삶이 있다." 신이 내게 말했다. 알람브라 궁전의 시민들은 시대를 막론하고 우리가 떠났다는 사실에 공감했다. 그래서 궁전 건축자들은 진실과 환상 가운데 하나를 선택하기를 포기했다. 구멍으로 희미한 빛이 새어 나오는, 밑에서 바라본 성벽이 고동친다. 호수의 출렁이는 물결 위에 혹은 잔잔하고 평온한 수면에 비친 모습은 낮보다 밤에 더 생동감 있다. 수면에 비친 둥근 박공에서 눈을 떼기란 어려운 일이다. 밑에서 올려다보면 그러한 맛이 나지 않는다. 어쩌면 거기에 존재하기 이전부터 사라질 운명인, 물속에 잠긴 이 육적인 도시의 비밀이 있는지도 모른다. 마치 사랑처럼. 마치 불면 날아갈 듯 쥐면 깨질 듯하여 도무지 어느 것을 잡아야 할지 모르는 사랑처럼. 아니, 그림자를 잡아야 하나……. 진짜 탑은 어느 것이지? 인간이 세운 탑? 아니, 호수에 비친 그림자인가? 어느 것이 더 오래갈까? 돌인가 그 표현인가? 우리 안에는 무엇이 남는가? 감정인가, 예감인가? 아니면 추억인가. 내 삶에서 그리고 알람브라에서, 현실은 현실의 그림자보다 더 멀게 보였다. 삶과 사랑은 혹시 반짝반짝 빛나는 물, 어른거리는 빛일 뿐인가. 그리고 그 반짝이는 물과 어른거리는 빛은 손으로 잡을 수 있는 것보다 훨씬 더 잡기가 쉽다.

153
사랑은 불멸에 대한 고뇌다. 다시 말해 죽고 싶어 하지 않는다. 사랑은 매 순간 영원하다. 고통스러운 사랑이건 환희에 찬 사랑이건 마찬가지다. 사랑이 영원하다면 말이다. 사랑은 삶을 증식시킨다. 사랑은 삶을 무한대로 늘이며 영원하다는 듯이 행동한다. 그러면서 끔찍스럽게 소모한다. 죽는 것도 똑같다. 결국에는 죽는다. 그러고는 다른 차원의 세상으로 들어간다. 더 평온하고, 더 일상적이며, 더 조용한 세상. 그래서 덜 생생한 세상. 그것은 또 다른 삶이다…….

154
온화한 사랑은 들떠 있어야 할 이유가, 폭력적이어야 할 이유가 없다. 죽여야 할 이유가 없다. 견고하고, 이성적이고, 합리적인 사랑. 더 오래가는 사랑이다. 도저히 잊을 수 없는 사랑. 자기 자신을 사랑하게 하는 그런 사랑 말이다.

155
사랑은 단 십분 만에 완벽하게 영원해질 수 있다.

156
사랑은 끝나지 않는다. 사랑이 계속되는 한 사랑은 영원하다. 어리석은 자들, 죽는 자들은 바로 우리다.

157
모든 사람은 충동에 따라 행동한다. 다른 사람은 좋아하지 않는 것, 탐탁하지 않는 것을 좋아하고 만족한다. 굳이 버틸 필요가 없다. 무인도에서 살 수는 없다. 사랑은 눈곱만큼이라도 남아 있는 동안에는 영원하며, 역시 눈곱만큼이라도 사랑이 남아 있다면 둘이 함께하는 미래를 도모할 수 있다. 각자 입맛대로 삶을 꾸려간다. 우리 자신 외에는 그 누구도 원망할 필요가 없다.

158
완벽한 사랑이 존재한다면, 그 완벽한 사랑까지 지속되는 시간은 단 한 순간이다.

159
사랑은 신비롭다(정치만큼이나). 피할 수도 없고 손에 넣을 수도 없는 선물이다. 아무리 오래간다 해도 순간일 뿐인데 들락날락거리면서 온 집안을 제 냄새로 채우는 하숙생이다. 그 냄새는 없어지지 않으며, 어떤 밤에는 영혼과 기억의 깊은 곳까지 구석구석 스며든다. 눈을 뜨고 앞에서 냄새를 풍기는 사람을 바라본다. 하나는 냄새이고 또 하나는 냄새의 근원이다. 연인은 고개를 뒤로 돌리고 마음 가는 사람을 쳐다본다. 지금 눈앞에 있는 그 사람은 습관이다. 그리고 습관은 일로 변한다. 일상의 엄격한 일로. 가장 즐거운 충동으로 인한 너그러움은 말다툼, 계산서, 학교, 시장바구니로 변한다.

160

남자들은 정조와 지조에는 사랑의 매력이 들어 있지 않다고 말한다. 순간적인, 환상에 기초한 매력 말이다. 그렇다면 남자들의 말이 모두 맞다. 나도 그들과 같은 생각이다. 미지의 해초를 뽑아버리는 순간, 무척이나 만족한 욕망으로 인해 사랑은 그 진가를 잃어버린다. 그러면 다른 것들로 그 진가를 대신해야 한다. 혹 여자들이 더 보수적이라면 그건 자녀들 때문이다. 그러나 실제로는 오래된 관계보다 더 끈질긴 것은 없다.

'오래간다'는 것은 연인들이 모든 것을 깨닫고, 느끼고, 말하는 데 걸리는 시간을 의미한다. 그런 다음에는 사랑이 아니라 그나마 남은 의리나 우정이 그들을 하나로 묶어준다. 남편들은 모험을 거의 하지 않는다. 그러나 사랑은 늘 그리고 매일 다른 방식의 모험을 요구한다.

161

칫솔은 사랑보다 더 오래간다.

162

사랑은 춘추복보다 오래가지 않는다.

163

다른 것들이 사랑보다 그리고 그 실패보다 더 오래간다. 마시다 남은 음료수, 재떨이에 버린 담배꽁초들······. 우리는 환상이 아니라 함께 있어줄 사람을 꿈꾼다. 세상을 무너지게 만들지 않을 사람. 하지만 그 소박한 결정조차 우리가 내릴 수 없다. 이미 누군가 혹은 무언가가 벌써 결정을 내렸다. 어느 화창한 아침이었는지, 어느 뜨거운 낮이었는지 보름달이 뜬 밤이었는지, 언제부터인지 모르겠다. 모든 것이 닳아 없어진다. 항변에서, 그 항변을 하는 어조에서, 손가락 깍지를 푸는 방식에서, 책에 마음을 비우는 방식에서 사랑이 식었음을 안다. 언제부터인가? 이미 씨에서부터인가? 뿌리에서부터인가? 장미가 '꽃봉오리에서 요람과 무덤을 동시에 발견하는 것' 처럼 사랑도 그렇다. 매순간 색이 바래고 시들어간다. 순간순간 더 급하게. 마치 남의 나라 전쟁 이야기를 하듯 명쾌하고 냉정한 대화에 도달할 때까지. 그 대화에서 세상은 비로소 해방되고 허물어진다. 죽어야 무사한 운명이다. 아무것도 지나가지 않는다. 시간과 우리만 지나갈 뿐이다.

> 사랑아, 나는 안다
> 결국 끝나리라는 걸
> 하지만 그 자취는 구리보다 돌보다
> 더 오래 남겠지.
>
> 새의 비상처럼
> 덧없이 지는 영원한 꽃처럼
> 눈에 보이지 않는 공기처럼
> 사랑은 사랑의 폐허에서 다시 태어나리라.
>
> 사랑의 작품은
> 사랑의 높은 탑, 사랑의 둥근 기둥
> 사랑의 말들은 살아남으리.

그러나 이런 것들은 아무 의미도 없으니
그래서 더 쉽게 남는 것······.
이미 태어나기도 전에
죽음의 부름을 받은
사랑의 몸짓, 눈부신 웃음
태양에 불을 붙이고 불을 끄는 애무
강렬한 사랑의 입술
사랑의 숨결로 피는 달리아 꽃.
그러나 사랑의 그림자는
결코 젖지 않으리니
오직 찬란한 흔적만이
여기에 사랑이 있었다는 증거가 되리라.

164

사랑은 어째서 도자기보다, 서류 가방보다, 볼펜보다도 오래가지 못할까? 어째서 사랑한 기억보다, 기쁨에 들뜬 나날들보다, 사랑이 할퀴고 간 상처보다 오래가지 않을까?

165

사랑은 떠나기 전부터 이미 많은 부분 떠나기 시작하며, 떠나간 이후에도 많은 부분을 남긴다.

166
사랑은 한 마리 새. 가고 싶으면 가라. 날개를 꺾지 말라. 새장에 가두지 말라. 날아간 다음에는 다시 돌아오지 않으리라 두려워하는 것도 사랑이라고 부르라.

167
사랑과 빛은 계속 머물 수 없다는 경고를 하기 위해서 온다.

급히 흐르는 강물처럼
손가락 사이로 사랑이 빠져나간다
우리는 멈추어 서서 물을 마시려는 듯
유유히 흐르는 물살을 바라본다.
물은 기억 속으로 흘러든다.
정염에 휩싸인 무절제와
입맞춤이 우리를 감싼다.
내일도 없는 어제의 시작이
오늘의 여명이 되어
고독한 연인들을 놀라게 한다.
우리는 유배지에 있는
모든 것이 투명한 왕국에 산다.
대답은 없고
질문은 존재하지 않는다.

나는 내가 있던 곳에 있고 싶다.
그때의 하얀 미소가
내 뺨을 타고 흐른다.
여기, 오늘의 사랑이
오늘을 만들려고 하며
내일은 내일의 사랑이 준비한다.

연인들이 폭설을 막으려고 하면
신의 계시가 승리하기 전에
목숨을 잃으리라
입 속에서 은밀한 말과 함께.
그들이 부패한 고기를 들고서도
그 무게를 부인할 때
죽음이 가져간 만큼 희망도 남는다.

168
사랑은 끝이 난다. 계획과 이상도 머리를 들이밀었다가 사라지고 만다. 더없이 순정한 열망은 증발한다. "산다는 게 그런 거야. 다 지나가게 마련이지." 흔히들 이렇게 말한다. 하지만 우리는 삶이, 우리가 삶이라고 부르는 것이 지나간다는 사실을 잘 모른다. 소멸의 길로 치닫고 있다는 것도 잘 알지 못한다. 지나간 삶은 다시 돌아오지 않는다. 절대 다시 태어나지 않는다. 반짝반짝 빛나는 눈동자에 육감적인 부츠를 신고 한번 어루만지기만 해도 감동이 밀려드는 비단결 같은 살결을 가진 다른 남자, 다른 여자들이 나타나겠지. 그들의 다리가 우리 다리에 엉키고 그들의 손가락이 우리 손에 깍지를 끼겠지. 그러나 우리가 잃어버린 그 다리와 손가락은 아니다. 가장 오래 지속된 사랑, 계획, 희망, 우리 자신으로 여겼던 그것들을 빼앗아간 죽음을 어떻게 가만 놔둘 수 있겠는가? 우리의 사랑과 이상이 어떻게 우리보다 더 오래갈 수 있단 말인가? 더 오래 지속된다고 더 확고한가? 어째서 그 사람과 똑같아야 하고, 그 사람이 되어야 하고, 충실하게 붙어 있어야 하는가? 그래야 죽음이 우리를 조롱하지 않는단 말인가? 죽음은 단칼에 그 정절을 끊어버리며, 그 정절을 품었던 사람을 베리라. 그런데 어째서 가슴을 부풀게 하는, 영원하리라는 사랑의 약속, 그 영원의 대용품에 그토록 열광하는가? 평생토록 지키겠다고 약속하고는 며칠 만에 그 약속을 뒤집어버린다. 아니 몇 달, 혹은 몇 년 정도는 갈지도 모르겠다. 하지만 그렇다고 해서 결국 모든 것이 무無로 귀결된다면 사랑이 다른 것과 무엇이 다르다는 말인가.

169
오직 사랑만이 우리를 유일하고 영원하게 만든다. 단 사랑이 지속되는 동안만. 그래서 인간은 밤이나 낮이나 사랑을 꿈꾼다. 이는 각자가 개성을 발휘하며 살아남는 가장 아름다운 방식이다.

170
사랑은 성숙의 징후이며, 그래서 사랑을 하면 성숙해진다. 사랑은 깊어지는 것이 아니라 넘치는 것이다. 그래서 오래 지속되지 않는다.

변하거나 떠난다. 하지만 지속되는 한은 영원하다. 영원하며 투명하다. 꿈처럼.

과거는 지금 여기에 없다.
누군가 죽었고, 누군가는 떠났으니……
어제 파란 테를 두른 유리잔에는
기쁨이 담겨 있었다.

우리는 같은 잔에 물을 마시고
내게서 도망쳤던 입술과 내 입술이
열정적인 입맞춤으로 땅을 갈랐던
그 입술이 같은 잔으로 물을 마신다.

남은 건 슬픈 내 눈동자와
파란 테의 유리잔뿐
이제는 나 홀로 그 잔에 물을 마신다.
어째서 삶은 나를 남겨놓고 가버렸을까.
어째서 덧없는 유리잔만이
내게 남아 있는 걸까?

171
사랑은 살아 있는 존재다. 사랑이 죽으면 오른팔을 잃는 것과 같다. 그래도 사랑에 빠질 필요가 있다. 아무런 생각 없이 갑자기 사랑을 느

껴볼 필요가 있다. 사랑, 사람, 감정, 눈길, 애무하는 방식 혹은 애무 받는 방식은 죽지만 애무는 죽지 않으며 장미도 죽지 않는다. 장미 한 송이에는 모든 봄이 고스란히 담겨 있다.

172
사랑은 많은 것과 다른 많은 사랑을 담고 있는 유일한 표면이다. 그러나 우리가 사랑하는 능력은 하나다. 이 사랑이 끝나면 다른 사랑이 시작되든데 그 사랑을 시작한 사람은 바로 우리 자신이다. 우리의 사랑하는 능력과 사랑에 대한 감각만은 늘 살아 있기 때문이다.

173
사랑은 죽지 않는 백조다.

174
나는 사람들이 불평하는 소리가 지겹다. "키우던 개가 죽었어. 이제 다시는 키우지 않을래. 사람을 너무 힘들게 해." 이처럼 어리석고 이기적인 반응이 또 있을까. 예측 가능한 슬픔 때문에 현재의 고마움과 현재의 애정과 재능을 포기하다니. 키우던 개나 사랑 혹은 소중한 물건을 잃어버리면 물론 고통스럽다. 그렇다고 잘못 나온 사진처럼 그 동작과 표정이 영원히 굳어지는가? 손에 손을 잡고 걸었던 즐거운 여정은? 약속 시간이 되기를 얼마나 초조하게 기다렸는지, 공감한 그 감정이 어떻게 아침을 휘저어놓고, 정오를 설명해주고, 오후에 의미를 던져주고, 그 불면의 밤들을 어떻게 증명해주었는지를 잊어버렸는가? 이제 끝났다는 이유로 서로 엉겨들어 도저히 풀 수 없었던 그 눈길을 잊을 것인가? 사랑으로 가슴 설레던 날들을, 폭풍처럼 요동치던 날들을 잊을 것인가? 모든 음악이 멈추었다고 해서 얼마나 많은 화음을 우리 삶의 이정표로 삼았는지 잊을 것인가? 우리는 시간과 고독과 사랑을 겪었다. 황혼 녘에는 그들이 우리를 시험하리라……. 우연과 운명은 나지막한 목소리로 우리 삶을 이야기하리라.

175
시간은 친구이지 절대로 적이 아니다. 시간은 강해지고 견뎌내고 단단해지고 굳어지며 딱딱해지고 영원해진다. 나는 시간이 사랑의 적이라고 생각하지 않는다. 아름다움의 적이긴 하지만 아름다움은 사랑의 풍경도 아니고 기쁨도, 고통도 아니다. 사랑은 그 자체의 풍경을 가지고 있다.

176
내게 사랑은 다시금 미지로 떠나라는 제안이며, 새로운 여행에 동반하라는 초대다. 그 여행의 끝이 어떻든 그게 무슨 상관인가? 언제나 똑같은 것을. 모든 음악은 멈추게 마련 아닌가. 그러나 그 여행의 끝이 우리더러 어서 길을 떠나라고 재촉하는 것은 아닌지.

옮긴이의 글

소설 『터키의 열정』으로 국내에 소개된 바 있는 안토니오 갈라는 스페인이 자랑하는 대표적인 극작가, 소설가, 시인, 수필가이며 각종 신문과 잡지의 칼럼니스트이다. 아무튼 글로 쓰는 일이면 뭐든지 다 한다. 그는 일찍이 다섯 살 때부터 글을 쓰기 시작했다. 그 나이에 처음 단편을 쓰고 일곱 살 때 첫 희곡을 썼으니 얼마나 조숙한 작가인지 모른다. 아니 타고난 작가다. 태어나기 전부터 글쓰기 공부를 하지 않았다면 결코 이런 조숙한 작가가 될 수 없으리라.

이런 천재 안토니오 갈라는 1951년, 열다섯 살의 나이에 세비야 대학교 법학과에 입학했으며 마드리드에서는 철학과 정치 및 경제학과에 청강생으로 등록했다. 또 대학생활을 하면서 여러 잡지에 시를 발표하여 시인으로 자리를 잡았다.

대학을 졸업한 후에는 아버지의 강요에 못 이겨 변호사 시험을 치르지만 결국 일 년 만에 포기하고 만다. 그리고 마드리드에서 대학 강사 생활을 하다가 1962년에 이탈리아로 가서 일 년 후에 돌아왔다.

이즈음 안토니오 갈라는 첫 시집 『친밀한 적』(1959)을 발표하고, 이 작품집으로 '아도나이 상'을 수상했다. 1963년에는 단편집 『하지』로 '알비나스 상'을, 바로 그해 희곡집 『에덴의 푸른 동산』으로 '국립 칼데론 데 라 바르카 상'을 거머쥐었다. 이렇게 그는 극작가로서 왕성한 활동을 시작했고, 그 뒤를 이어 「한 여인을 위한 반지」(1973), 「선물 받은 페트라」(1980) 등을 발표했다. 또 1989년에는 오페라 「콜럼버스」를 쓰기도 했다.

그의 첫 소설 『진홍빛 원고』(1990)는 스페인의 가장 권위 있는 문학상인 '플라네타 상'을 수상했다. 그 뒤로 『터키의 열정』(1994), 『정원의 저편』(1995), 『3의 법칙』(1996), 『신의 변두리』(1999), 『이제는 내 얘기를 할 차례』(2000), 『불가능한 망각』(2001), 『정원에 초대된 손님들』(2002) 등을 발표했다.

시집으로는 초기에 발표한 『친밀한 적』 이외에 『코르도바의 시』(1994), 『쌍두 독수리: 사랑의 텍스트』(1994), 『사랑의 시』(1997) 등이 있다.

현재 그는 '안토니오 갈라 재단'을 설립하여 젊은 작가들을 양성하고 지원하는 일을 돕고 있다.

『사랑의 수첩』은 사랑에 관한 안토니오 갈라의 생각들을 시와 수필 형식으로 정리해놓은 책이다. 사랑은 그의 작품의 존재 이유이며, 작품을 지탱하는 힘이다. 그는 이 세상과 이 세상에 존재하는 우리 인간들의 비밀, 진실 그리고 기적을 오직 사랑만이 품고 있다고 믿는다. 가히 언어의 연금술사라고 할 수 있는 안토니오 갈라의 문학이 아름답고 깊이 있는 이유도 바로 이 사랑 때문이다. 사랑은 마르지 않는 샘처럼 그에게 끝없는 영감과 통찰력을 제공한다. 그에게 단순히 글을 쓰는 기술만 있었다면 많은 사람의 심금을 울리고 영혼을 두드리는 깊이 있는 문학이 결코 탄생할 수 없었으리라. 그에게 언어는 이 사랑의 실체에 옷을 입히고 색깔을 입히고 세련되고 아름다운 모습으로 변신시키는 도구에 불과하다. 그는 사랑을 그저 있는 그대로 투박하게 내놓지 않는다. 아름답지만 지나치지 않고 화려하지만 조악하지 않은 우아한 모습으로 우리 앞에 내놓는다. 그리고 그 미학적인 경지는 누구도 따라올 수 없다. 그래서 그의 작품은 더욱 빛이 난다. 그의 작품들이 스페인에 존재하는 모든 문학상을 석권하고 수많은 언어로 번역되는 이유가 바로 여기에 있다.

이제 우리는 그가 지어놓은 멋진 사랑의 집으로 들어가 그것을 음미하며 편안하게 공감할 수 있는 기회를 얻었다. 그동안 감히 표현할 방법이 없어 우리의 가장 내밀한 곳에 꼭꼭 묻어둔 수많은 생각들이 근사한 모습으로 우리 앞에 나타나 우리를 소스라치게 하는 그런 기회 말이다. 우리의 속내를 속속들이 꿰뚫어 보는 것으로도 모자라서 그토록 놀라운 언어로 아름다운 옷을 입히다니 '언어의 연금술사' 외에는 그를 형용할 수 있는 적당한 표현을 찾기 힘들다. 이런 호사를 누리게 해준 그가 참 고맙다.